Niko 1

Materialband zur Fibel

Erarbeitet von
Stefanie Erdmann
Sarah Limberg

D1703303

Ernst Klett Verlag
Stuttgart · Leipzig

Inhalt

Übersicht der Kopiervorlagen (KV)

Alle Kopiervorlagen sind als editierbare Word-Dateien im
Digitalen Unterrichtsassistenten zur Niko Fibel (978-3-12-310696-5) enthalten.

KV-Nr.	KV-Titel	Fibel-Seite
1	Protokollbogen 1	
2	Protokollbogen 2	
3	Lernbeobachtung 1	ab S. 6–7
4	Lernbeobachtung 2	ab S. 6–7
5	Lernbeobachtung 3	ab S. 6–7
6	Lernbeobachtung 4	ab S. 66–67
7	Lernbeobachtung 5	ab S. 94–95
8	Lernbeobachtung 6	ab S. 124–125
9	Lernbeobachtung 7	ab S. 32–33
10	Lernbeobachtung 8	ab S. 82–83
11	Lernbeobachtung 9	ab S. 136–137
12	Lernbeobachtung 10	ab S. 56–57
13	Silben schwingen	S. 6–7
14	Vorkurs: Silbe 1	S. 6–7
15	Vorkurs: Silbe 2	S. 6–7
16	Vorkurs: Silbe 3	S. 6–7
17	Vorkurs: Silbe 4	S. 6–7
18	Vorkurs: Silbe 5	S. 6–7
19	Vorkurs: Abhören 1	S. 6–7
20	Vorkurs: Abhören 2	S. 6–7
21	Vorkurs: Abhören 3	S. 6–7
22	Vorkurs: Die Lauttabelle kennenlernen 1	S. 6–7
23	Vorkurs: Die Lauttabelle kennenlernen 2	S. 6–7
24	Vorkurs: Die Lauttabelle kennenlernen 3	S. 6–7
25	Vorkurs: Die Lauttabelle kennenlernen 4	S. 6–7
26	Vorkurs: Die Lauttabelle kennenlernen 5	S. 6–7
27	Vorkurs: Die Lauttabelle nutzen	S. 6–7
28	A a	S. 8–9
29	M m	S. 10–11
30	L l	S. 12–13
31	I i	S. 14–15
32	N n	S. 16–17
33	E e	S. 18–19
34	S s	S. 20–21
35	Unsere Klassendienste	S. 22

KV-Nr.	KV-Titel	Fibel-Seite
36	Wörtertraining	S. 25
37	T t	S. 28–29
38	O o	S. 30–31
39	R r	S. 32–33
40	U u	S. 34–35
41	B b	S. 36–37
42	Checkliste für Projekte	S. 38, 75, 97, 110, 128, 129, 143
43	Hör-Spiele	S. 40
44	Wörtertraining	S. 41
45	Silbenkönige 1	S. 44–45
46	Silbenkönige 2	S. 44–45
47	Silbenkönige 3	S. 44–45
48	Richtig abschreiben 1	S. 46–47
49	Richtig abschreiben 2	S. 46–47
50	W w	S. 48–49
51	D d	S. 50–51
52	H h	S. 52–53
53	G g	S. 54–55
54	F f	S. 56–57
55	Au au 1	S. 58–59
56	Au au 2	S. 58–59
57	Gefühle 1	S. 61
58	Gefühle 2	S. 61
59	Überall Medien	S. 62
60	Wörtertraining	S. 63
61	Ei ei	S. 66–67
62	K k	S. 68–69
63	-ch	S. 70–71
64	Z z	S. 72–73
65	Traumfänger basteln	S. 75
66	Ein Gedicht auswendig lernen	S. 76
67	Wörtertraining	S. 77
68	-ie	S. 80–81
69	P p	S. 82–83
70	Eu eu	S. 84–85
71	Sch sch	S. 86–87
72	Ä ä	S. 88–89
73	Ö ö	S. 90–91
74	Ü ü	S. 92–93
75	-tz	S. 94–95
76	Natürliche Mandalas	S. 97
77	Recherchieren lernen	S. 98
78	Wörtertraining	S. 99
79	St st	S. 102–103
80	J j	S. 104–105
81	-ck	S. 106–107
82	Sp sp	S. 108–109
83	Ausländer	S. 111
84	Einen Minivortrag vorbereiten und halten	S. 112
85	Wörtertraining	S. 113

KV-Nr.	KV-Titel	Fibel-Seite
86	V v	S. 116–117
87	-ng	S. 118–119
88	X x	S. 120–121
89	Pf pf	S. 122–123
90	-äu	S. 124–125
91	Qu qu	S. 126–127
92	Schwimmen und sinken 1	S. 128
93	Schwimmen und sinken 2	S. 128
94	Sicher im Internet forschen	S. 130
95	Wörtertraining	S. 131
96	C c	S. 134–135
97	-ß	S. 136–137
98	Y y	S. 138–139
99	-nk	S. 140–141
100	Mein Mini-Buch	S. 143
101	Wörtertraining	S. 145
102	Durch das Jahr	S. 146–147
103	Im Herbst 1	S. 150
104	Im Herbst 2	S. 150
105	Im Winter 1	S. 152
106	Im Winter 2	S. 153
107	Im Winter 3	S. 153
108	Im Frühling 1	S. 154
109	Im Frühling 2	S. 154
110	Im Frühling 3	S. 155
111	Im Frühling 4	S. 155
112	Im Sommer	S. 156

Lernbeobachtung

Da die Entwicklung der Kinder und ihr Lernfortschritt sehr individuell verlaufen und zunehmend stärker differieren, ist eine **fortwährende Lernbeobachtung** wichtigste Voraussetzung für gezieltes differenziertes Arbeiten mit den Kindern. Erst mit dem Wissen um die individuelle Lernausgangslage und die Lernfortschritte der Kinder lassen sich die im Lehrwerk Niko vorhandenen differenzierten Lernangebote optimal einsetzen.

Nachfolgende Protokollbögen (KV 1 + 2) helfen, aktuelle Lernstände zu verschiedenen Zeitpunkten gezielt zu ermitteln und individuell gestaltete Übungen abzuleiten.

Das Entwicklungsmodell des Schriftspracherwerbs (siehe Seite 6) hilft, die Kinder auf der Grundlage gewonnener Beobachtungsergebnisse einzuschätzen und zu fördern.

Die vorliegenden Protokollbögen erfassen folgende Bereiche:
- Protokollbogen 1: Phonologische Bewusstheit, Verschriften von Wörtern, Lesen und Verstehen, Verfassen von Texten
- Protokollbogen 2: Laut- und Buchstabensicherheit

Die Analyseergebnisse bilden eine sinnvolle Ergänzung unterrichtsimmanenter Beobachtungen und eine solide Grundlage für den Jahresbericht zur Lernentwicklung. Die Beobachtungen können punktuell, in Zweifelsfällen, bei ausgewählten Kindern, verteilt über mehrere Stunden im Förderunterricht oder zu bestimmten Bereichen durchgeführt werden. Sie dienen als Grundlage für Elterngespräche und können als Portfolio den individuellen Lernweg eines Kindes dokumentieren.

1. Phonologische Bewusstheit

In den ersten Schulwochen möchte jede Lehrkraft schnell einen Eindruck von den Fähigkeiten der Schulkinder bekommen. Beobachtungsaufgaben, die den Fokus auf die für den Schriftspracherwerb relevanten Fähigkeiten richten, sind in diesem Zusammenhang hilfreich (vgl. FÜSSENICH, Iris/ LÖFFLER, Cordula: Schriftspracherwerb. Einschulung, erstes und zweites Schuljahr. Ernst Reinhardt Verlag, München, 2008, 2009). Der Fokus sollte in den ersten Schulwochen vor allem auf die sprachlichen Fähigkeiten inklusive Sprachbewusstheit gerichtet werden. Darüber hinaus sollten sich die Beobachtungen auf die Schrifterfahrungen der Kinder richten, z. B. ob die Kinder den eigenen Namen, Buchstaben oder weitere Wörter schreiben können. Zu diesem Zweck eignet sich das „leere Blatt" (DEHN, Mechthild/HÜTTIS-GRAFF, Petra: Zeit für die Schrift II. Beobachtung und Diagnose. Cornelsen Skriptor, Berlin, 2006), das in den ersten Schultagen eingesetzt werden sollte. Die Kinder erhalten jeweils ein leeres Blatt mit der Aufforderung, ihren Namen zu schreiben und was sie sonst noch schreiben möchten; sie dürfen auch etwas dazu malen. Hier zeigt sich, ob ein Kind den eigenen Namen richtig schreibt oder sogar Wörter konstruiert (erkennbar an eher lautorientierten Schreibungen, wie <IGÄL>). In den ersten Wochen können auch die **Lernbeobachtungen 1 bis 3** (KV 3–5) eingesetzt werden. Sie sollten von den Kindern in Freiarbeitsphasen bearbeitet werden, damit kein Zeitdruck entsteht. Werden Schwierigkeiten deutlich, sollten diese Lernbeobachtungen nach entsprechender Förderung in diesen Bereichen im November/Dezember wiederholt werden.

2. Lernbeobachtung Schreiben

2.1 Lernbeobachtung 4 bis 6

Für drei Zeitpunkte im Schuljahr sind Lernbeobachtungen zum Schreiben vorgesehen. Die Wörter der ersten Lernbeobachtung (KV 6) sollen in der zweiten (KV 7) und dritten Lernbeobachtung (KV 8) erneut geschrieben werden, damit eine Entwicklung – oder Stagnation – erkennbar wird. Kinder merken sich ihre Schreibungen nicht über Monate hinweg, sondern konstruieren die Wörter jedes Mal neu. Man kann nicht davon ausgehen, dass ein Übungseffekt eintritt.

Anhand der ausgewählten Wörter können die angewandten Schreibstrategien bzw. der Stand des Schrifterwerbs festgestellt werden. Die Tabelle „Kategorien zur Einordnung von Schreibungen" (siehe Seite 7) soll die Einordnung erleichtern.

Die Lernbeobachtungen zum Schreiben dienen zur Feststellung, über welche Schreibstrategien das Kind bereits verfügt bzw. in welcher Phase des Orthografie-Erwerbs es sich befindet. Es darf nicht erwartet werden, dass die Wörter alle richtig geschrieben werden. Die Lernbeobachtungen differenzieren auch nach oben, damit auch Fähigkeiten von Kindern mit weit überdurchschnittlichem Entwicklungsstand erfasst werden können.

Entwicklungsmodell des Schriftspracherwerbs

Stufe	Lesen	Schreiben
Vorstufe präliterale Phase	• Leseverhalten wird imitiert („Als-ob-lesen")	• Malen und Kritzeln • Schreibverhalten wird imitiert („Als-ob-schreiben") • eine Schreibstrategie im engeren Sinn ist noch nicht erkennbar
1. Stufe Logografemische Strategie	• Erkennen von Wortbildern nach dem Prinzip des Ganzwortlesens • Lautwert der einzelnen Buchstaben kann nicht korrekt benannt werden	• einzelne Buchstaben und/oder Wörter werden aus dem Gedächtnis notiert • Lautwert der einzelnen Buchstaben kann nicht angegeben werden
2. Stufe Alphabetische Strategie	• Fähigkeit, zunehmend längere Wörter zu erlesen • korrektes Erlesen besonders dann, wenn der Kontext bekannt ist	• phonetische Schreibweise „Schreibe, was du hörst" • von der Skelettschreibung zur alphabetischen Schreibung (z. B. FT für Fahrrad) • mehr oder weniger vollständige Verschriftlichung der Lautabfolge der Wörter nimmt zu (z. B. Fart oder Farat für Fahrrad)
3. Stufe Orthografische/ morphematische Strategie	• Erfassen größerer Segmente wie Silben und Wörter • Gewinnen der Fähigkeit, flüssig und zugleich sinnentnehmend zu lesen durch automatisiertes Worterkennen	• beginnt mit der Berücksichtigung orthografischer Regeln und des Wissens über die Struktur von Wörtern (z. B. Auslautverhärtung, Doppelkonsonanten, Groß- und Kleinschreibung, Prä- und Suffix, Wortstämme) • führt hin zur orthografisch korrekten Gestaltung und Wahl sprachlicher Mittel durch Orientierung am ganzen Satz, jeweiligen Abschnitt oder gesamten Text

Entwicklungsmodell nach: Landesinstitut für Schule und Medien Berlin-Brandenburg (Hrsg.): ILeA. Individuelle Lernstandsanalysen. Lehrerheft Deutsch, Mathematik 1 (2010, 6. überarbeitete Auflage), S. 17.

Kategorien zur Einordnung von Schreibungen

	lautorientiert (mind. 2/3 des Wortes verschriftet)	alphabetisch	orthografisch: besondere Laut-Buchstaben-Zuordnung (-er, -el, ei, V, eu, Sp)	orthografisch: Vokallänge (nn, ie)	morphematisch: Verlängerung (-d)	morphematisch: Ableitung (äu)
Ufo	UF, FO	Ufo	—	—	—	—
Maus	MS, Maos	Maus	—	—	—	—
Eimer	Ama, Aim	Aiama	Eimer	—	—	—
Laterne	LaTan, Lateane	Laterne	—	—	—	—
Mond	MNT, MT	Mont	—	—	Mond	—
Telefon	TLF, TLFN	Telefon	—	—	—	—
Birne	Bian, Biane	Birne	—	—	—	—
Sonne	Son	Sone	—	Sonne	—	—
Bäume	Bme	Boime	Beume	—	—	Bäume
Vogel	FGL	Fogl	Vogel	—	—	—
Beule	BLe, Boilä	Boile	Beule	—	—	—
Spiegel	Schbigl	Schpigl	Spigel	Spiegel	—	—

Quelle: Prof. Dr. C. Löffler, Oskar Lehrerband. Ernst Klett Verlag, Leipzig, 2012.

2.2 Lernbeobachtung 10

Die Lernbeobachtung (KV 12) ist etwa ab Fibel-Seite 56/57 vorgesehen. Für das Schreiben von Texten gibt es sicherlich im Laufe des Schuljahres viele Möglichkeiten zur Beobachtung. Trotzdem soll an dieser Stelle eine Lernbeobachtung angeboten werden. Die Kategorien und/oder Phasen der Schreibentwicklung (siehe Seite 6) können aber auch für jeden anderen Text – auch zu einem früheren Zeitpunkt – verwendet werden. An erster Stelle steht die Verständlichkeit des Textes. Festgehalten wird im Protokollbogen auch, ob Wortgrenzen eingehalten werden und welche Schreibstrategie vorwiegend genutzt wird. Beim Schreiben von Texten benötigen viele Kinder ihre gesamte Konzentration für den Inhalt, sodass für korrekte Schreibungen keine Kapazität bleibt. Es ist daher möglich, dass sich ein anderer Lernstand zeigt als beim Schreiben einzelner Wörter. Auf der Satzebene soll protokolliert werden, ob Satzgrenzen markiert werden und ob die Sätze vollständig sind (Fehlen bestimmte Wortarten?). Bei der Frage nach der Satzlänge geht es nicht darum, jeden Satz auszu-zählen, sondern um die Frage, ob es sich um Dreiwortsätze handelt oder um komplexe Sätze aus Haupt- und Nebensatz. Nicht zuletzt ist auch bedeutsam, ob ein Kind seine Texte bereits korrigiert, d. h., ob schon eine Tendenz zur Überarbeitung zu beobachten ist, was für Klasse 1 kaum zu erwarten ist.

3. Lernbeobachtung Lesen

Laut DEHN (DEHN, Mechthild, Zeit für die Schrift I. Lesen lernen und Schreiben können. Cornelsen Skriptor, Berlin, 2006) unterscheiden sich lesestarke und leseschwache Kinder nicht zwingend in der Vorliebe für bestimmte Taktiken oder durch die Anzahl ihrer Fehler, sondern eher in der Art, wie sie mit ihren Fehlern umgehen. Für leseschwache Kinder beschreibt DEHN (2006, Seite 34) ein weniger stringentes Verfahren: Lesestarke Kinder korrigierten ihre Fehler selbst und näherten sich der Lösung schrittweise. Dagegen habe bei leseschwachen Kindern ein Wort, das als Ergebnis eines Erstleseprozesses genannt werde, kaum Ähnlichkeit mit dem, was sich das Kind zuvor erarbeitet habe. Sie lesen z. B. die erste Silbe und haben diese vergessen, bis sie die zweite Silbe ebenfalls erlesen haben. Oder sie erlesen mühsam die Silben, nennen dann aber ein anderes Wort, das mit dem zu erlesenden keine Ähnlichkeit hat. Zudem können leseschwache Kinder, so DEHN (ebd.), Lehrerhilfen schlechter umsetzen. Mangelnde Flexibilität äußere sich darin, dass nur eine einzige Taktik angewandt würde. Sie würden z. B. bekannte Wörter mühsam synthetisierend erlesen. Ein solches Vorgehen kann vorübergehend bei allen Kindern auftreten: Wenn Leseanfänger die alphabetische Strategie erwerben, ordnen sie so konzentriert alle Buchstaben entsprechenden Lauten zu, dass sie selbst sehr gut bekannte Wörter wie den eigenen Namen nicht simultan erfassen.

3.1 Lernbeobachtung 7

Die Lernbeobachtung (KV 9) kann nach Fibel-Seite 32/33 durchgeführt werden. Die Aufgaben können die Kinder in einer Freiarbeitsphase bearbeiten, um Zeitdruck zu vermeiden.

Zeichen für die Dokumentation im Protokollbogen

: Dehnung von Lauten; bei längerer Dehnung mehr Zeichen :::

` (Apostroph) bei kurzem Absetzen; Segmentierung im Wort

- Unterbrechung der Artikulation (länger als `)

Der Fokus bei der Lernbeobachtung 7 wird auf die Buchstabenkenntnis und auf die Lesestrategien gerichtet. Dokumentiert werden sollte im Protokollbogen, wenn den Buchstaben falsche Laute zugeordnet werden. Daneben sind als Strategien

– das Lautieren ohne Synthese (I`n`a`),

– die sukzessive Synthese (I`n`a` - Ina),

– das gedehnte Lesen (I::n::a – Ina) und

– das simultane Erfassen ganzer Silben bzw. Wortteile (I`na – Ina) oder ganzer Wörter aufgeführt.

Interessant sind zudem Beobachtungen, die zeigen, ob das Kind das zuvor betrachtete Bild und die Sätze miteinander in Zusammenhang bringt.

3.2. Lernbeobachtung 8

Die Lernbeobachtung (KV 10) kann nach Fibel-Seite 82/83 durchgeführt werden. Der Einkaufskorb sowie die darunter abgebildeten Lebensmittel sollen auch hier die Sinnerwartung wecken. Bei dieser Lese-Mal-Aufgabe können unterschiedliche Lesestrategien zum Tragen kommen. Protokolliert werden die richtigen Zuordnungen. Natürlich besteht die Möglichkeit, das Kind laut vorlesen zu lassen, um – wie bei Lernbeobachtung 7 – Lesestrategien zu erfassen. In das freie Feld rechts unten kann das Kind selbst ein Wort eintragen, das Feld entsprechend ausmalen und gegebenenfalls das Lebensmittel hinzumalen.

3.3 Lernbeobachtung 9

Die Lernbeobachtung (KV 11) kann nach Fibel-Seite 136/137 durchgeführt werden. Auch diese Lernbeobachtung ist eine Lese-Mal-Aufgabe, die sowohl in der Gruppe als auch einzeln in der Freiarbeit bearbeitet werden kann. Der erste Absatz sollte von allen Kindern gelesen werden, der zweite Absatz dient zur Differenzierung. Die Frage zum Text erschließt sich über den ersten Absatz.

Prof. Dr. Cordula Löffler, Kontinuierliche Beobachtung von Lese- und Schreibfähigkeiten in Oskar Lehrerband 1. Ernst Klett Verlag, Leipzig, 2012, bearbeitet für Bücherwurm durch Dr. Martina Weißenburg.

Protokollbogen 1

Datum			
Phonologische Bewusstheit[1]			
Reime (KV 3)			
Anlaute (KV 4)			
Silben (KV 5)			

Datum			
Verschriften von Wörtern – lautorientiert – alphabetisch – orthografisch – morphematisch	KV 6	KV 7	KV 8

Datum			
Lesen und Verstehen			
Lautieren			
Gedehntes Lesen			
Silben/Wortteile werden als Ganzheit erfasst			
Zuordnung (KV 9) Wörter und kurze Sätze			
Lesemalblatt 1 (KV 10): Anzahl der richtigen Wort-Farb-Zuordnungen			

Lesemalblatt 2 (KV 11):
– Mindestens vier Details
  wurden richtig übertragen
– Kind kann Frage zum Text
  richtig beantworten			

Datum			
Verfassen von Texten			
Wortgrenzen (KV 12)			
Satzgrenzen (KV 12)			
Schreibstrategie (KV 12)			

[1] Die Lernbeobachtungen 1 bis 3 (KV 3–5) zur phonologischen Bewusstheit sollten bereits in den ersten Schulwochen durchgeführt werden. Mit Kindern, die dabei Schwierigkeiten zeigen, sollten sie im November/Dezember wiederholt werden.

Textquellen: Prof. Dr. Cordula Löffler, Kontinuierliche Beobachtung von Lese- und Schreibfähigkeiten in Oskar Lehrerband 1. Ernst Klett Verlag, Leipzig, 2012, bearbeitet für Bücherwurm durch Dr. Martina Weißenburg

Protokollbogen 2

Datum									
	A a	M m	L l	I i	N n	E e	S s	T t	O o
Laut-Buchstabe									
Druckschrift									

Datum									
	R r	U u	B b	W w	D d	H h	G g	F f	Au au
Laut-Buchstabe									
Druckschrift									

Datum									
	Ei ei	K k	-ch	Z z	-ie	P p	Eu eu	Sch sch	Ä ä
Laut-Buchstabe									
Druckschrift									

Datum									
	Ö ö	Ü ü	-tz	St st	J j	-ck	Sp sp	V v	-ng
Laut-Buchstabe									
Druckschrift									

Datum									
	X x	Pf pf	-äu	Qu qu	C c	-ß	Y y	-nk	
Laut-Buchstabe									
Druckschrift									

Textquellen: Heike Gutsmann

Lernbeobachtung 1

1 Was reimt sich? Verbinde.

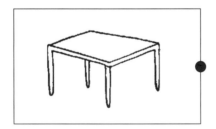 

Textquellen: Redaktion GSV
Illustratoren: Glummie Riday, Leipzig; Liliane Oser, Hamburg

Lernbeobachtung 2

 1 Was klingt am Anfang gleich? Verbinde.

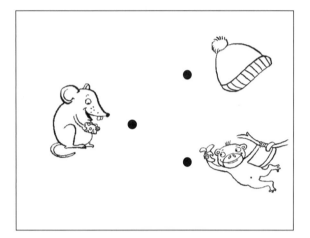

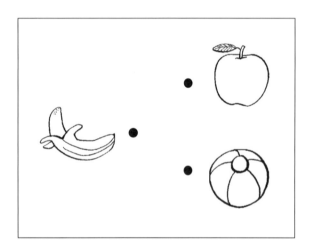

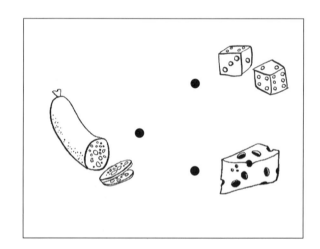

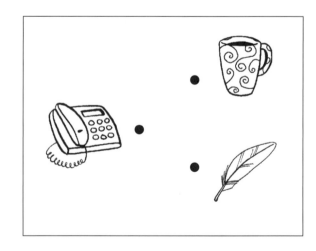

Textquellen: Redaktion GSV
Illustratoren: Liliane Oser, Hamburg

Klett

Lernbeobachtung 3

1 Schwinge und zeichne Silbenbögen.

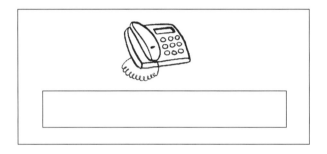

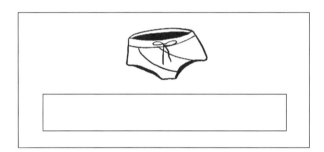

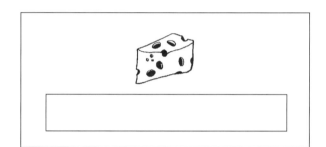

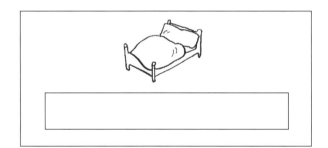

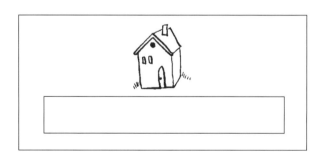

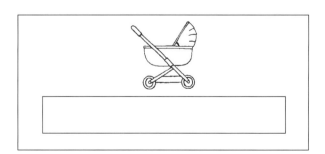

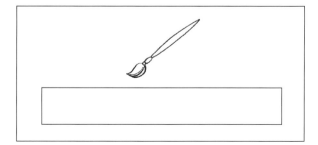

Textquellen: Carolin Gerdom-Meiering
Illustratoren: Liliane Oser, Hamburg; Bettina Reich, Leipzig

Lernbeobachtung 4

 **1** Schreibe.

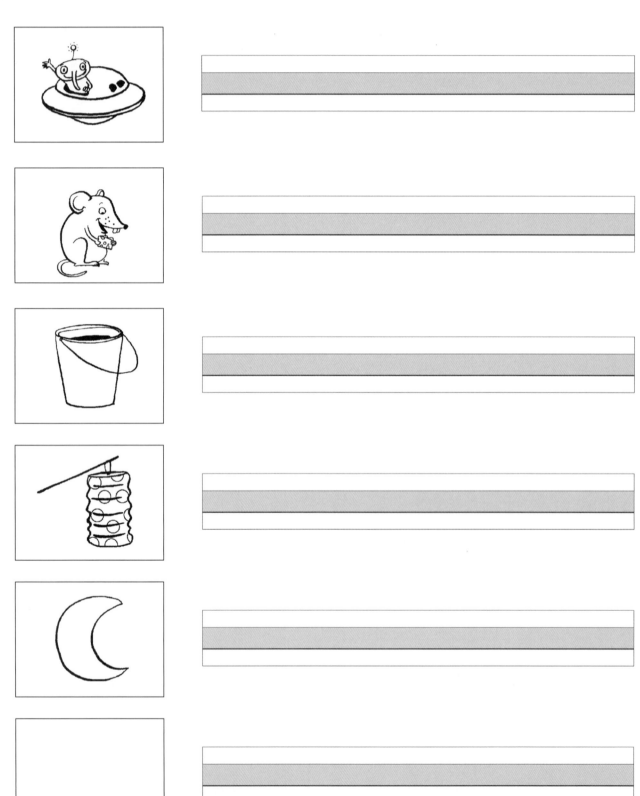

Lernbeobachtung 5

 **1** Schreibe.

Textquellen: Sonja Senst
Illustratoren: Liliane Oser, Hamburg

Klett

Lernbeobachtung 6

✎ **1** Schreibe.

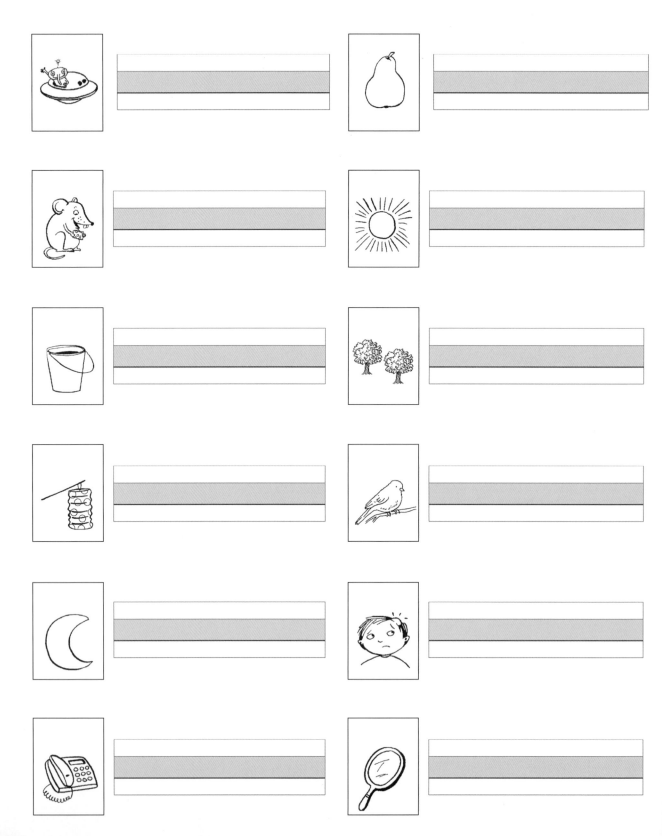

Lernbeobachtung 7

 1 Lies und verbinde.

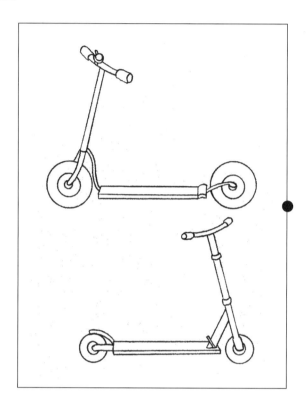

● Rosinen

● Roller

● Rosi

● Salami

  2 Lies und verbinde.

● Ina und Anton malen.

● Ina und Oma lesen.

● Ina und Anton lesen.

● Ina und Lola lesen.

Textquellen: Redaktion GSV
Illustratoren: Wiltrud Wagner, Lübeck

Lernbeobachtung 8

1 Lies.

Markiere blau, was du essen kannst.

Markiere gelb, was du trinken kannst.

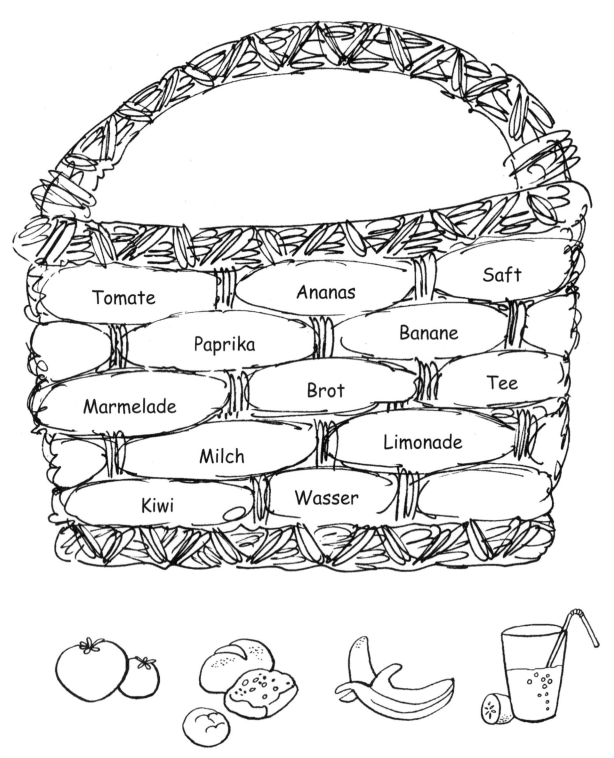

Textquellen: Redaktion GSV
Illustratoren: Liliane Oser, Hamburg

Klett

Lernbeobachtung 9

1 Lies und male.

Die Sonne scheint.

Nur eine kleine Wolke ist am Himmel.

Auf dem Spielplatz sind drei Kinder.

Luna steht im Tor.

Sie hat eine rote Hose und ein lila Hemd an.

Tom schießt einen Ball in die rechte Ecke.

Nele ruft: „Tor, Tor!"

Rechts neben dem Tor steht ein großer Baum.

Der Baum hat grüne Blätter.

Auf einem Ast sitzt ein gelber Vogel.

2 Welches Kind hat das Tor geschossen? Schreibe.

Lernbeobachtung 10

 **1** Schreibe.

Silben schwingen

1 Schwinge und zeichne Silbenbögen.

2 Male selbst etwas. Schwinge und zeichne Silbenbögen.

Textquellen: Ulrike Kähler
Illustratoren: Liliane Oser, Hamburg; Sven und Sigrid Leberer, Altenberge

Vorkurs: Silbe 1

1 Schneide die Karten aus. Spiele das Silbenspiel.

Textquellen: Ulrike Kähler
Illustratoren: Liliane Oser, Hamburg; Hela Woernle, Hannover; Anja Vogel-Jaich, Berlin

Vorkurs: Silbe 2

 1 Schwinge und zeichne Silbenbögen.

   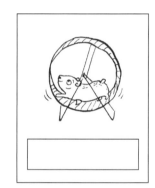

   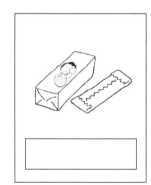

 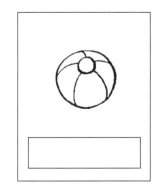 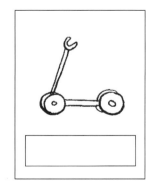 

Vorkurs: Silbe 3

⊖ **1** Schwinge und verbinde.

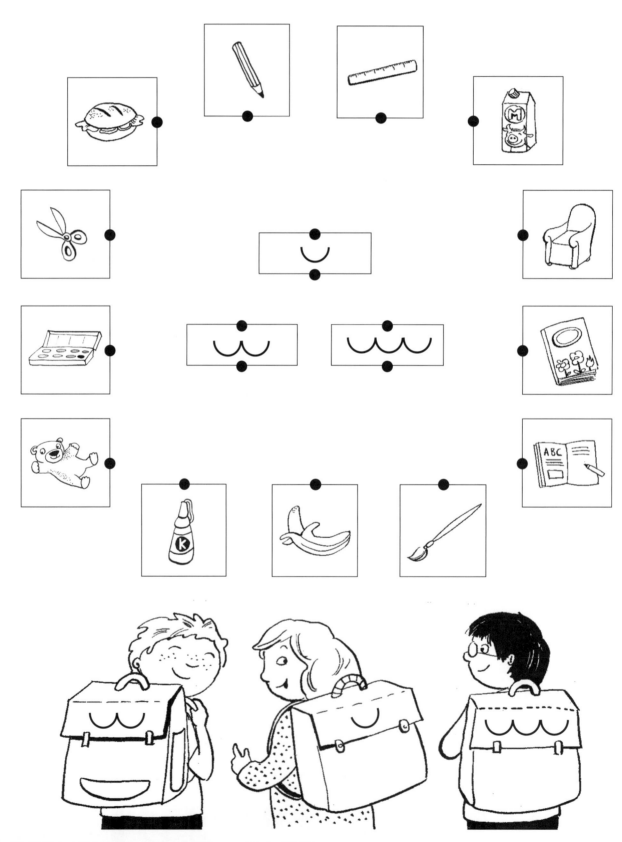

Textquellen: Ulrike Kähler
Illustratoren: Liliane Oser, Hamburg; Anja Vogel-Jaich, Berlin

Klett

Vorkurs: Silbe 4

1 Welches Wort hat mehr Silben? Schwinge und kreuze an.

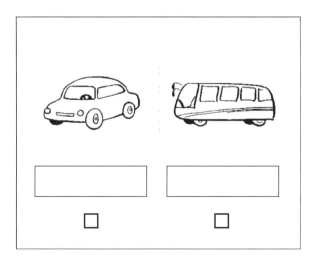

Textquellen: Ulrike Kähler
Illustratoren: Liliane Oser, Hamburg

Klett

Vorkurs: Silbe 5

 1 Schwinge und verbinde.

Vorkurs: Abhören 1

1 Was klingt am Anfang gleich? Verbinde.

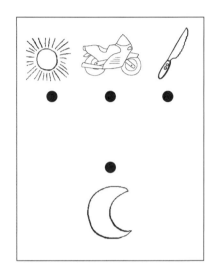

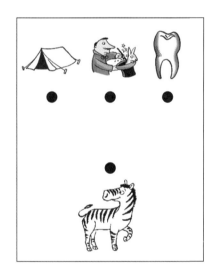

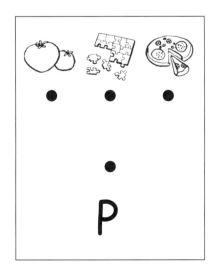

P

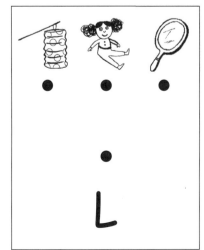

L

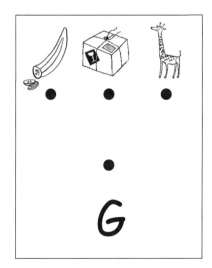

G

Textquellen: Ulrike Kähler
Illustratoren: Lilane Oser, Hamburg; Silke Reimers, Mainz

Vorkurs: Abhören 2

1 Was klingt am Anfang gleich? Kreise ein.

Textquellen: Ulrike Kähler
Illustratoren: Lilane Oser, Hamburg; Silke Reimers, Mainz

Klett

Vorkurs: Abhören 3

1 Wo klingt das Wort am Ende wie bei ? Verbinde.

2 Wo klingt das Wort am Ende wie bei ? Male an.

Vorkurs: Die Lauttabelle kennenlernen 1

1 Schneide die Karten aus. Spiele das Domino.

(Ball)	N	(Gesicht)	D
(Dose)	R	(Rakete)	Eu
(Münze)	K	(Kamm)	Ei
(Eis)	F	(Feder)	M
(Mond)	I	(Insel)	U
(Ufo)	G	(Gabel)	A
(Biene)	Ü	(Käfer)	B

Vorkurs: Die Lauttabelle kennenlernen 2

 1 Welcher Buchstabe gehört zu welchem Bild? Verbinde.

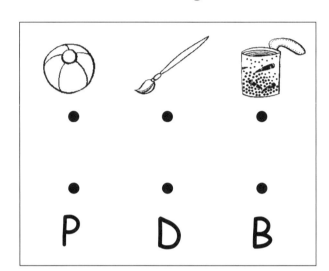

P   D   B

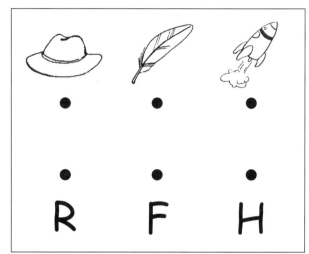

R   F   H

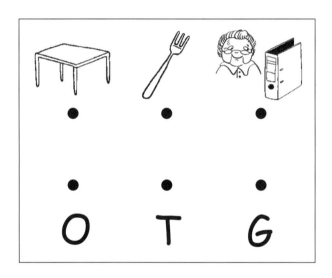

O   T   G

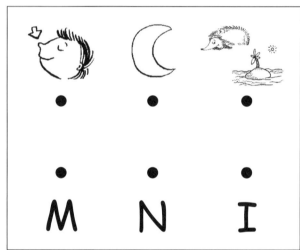

M   N   I

A   E   K

L   W   U

Textquellen: Ulrike Kähler
Illustratoren: Liliane Oser, Hamburg; Anja Vogel-Jaich, Berlin

Vorkurs: Die Lauttabelle kennenlernen 3

○ **1** Welches Bild auf der Lauttabelle gehört dazu? Male das richtige Bild an.

Textquellen: Ulrike Kähler
Illustratoren: Liliane Oser, Hamburg; Anja Vogel-Jaich, Berlin

Klett

Vorkurs: Die Lauttabelle kennenlernen 4

● **1** Schreibe.

  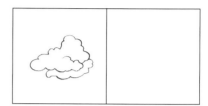

 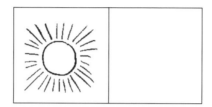 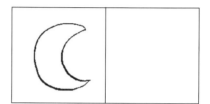

 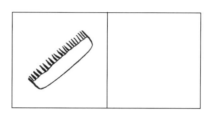 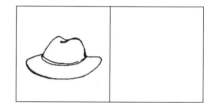

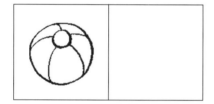 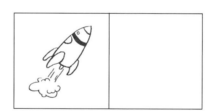 

● **2** Womit möchten die Kinder spielen. Verbinde.

Textquellen: Ulrike Kähler
Illustratoren: Liliane Oser, Hamburg; Anja Vogel-Jaich, Berlin

Vorkurs: Die Lauttabelle kennenlernen 5

● **1** Ergänze Buchstaben oder Bilder.

B b	A ___ 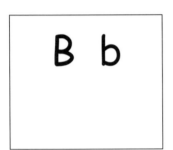	___ p 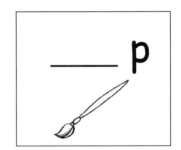
D ___ 	___ e 	T t
___ g 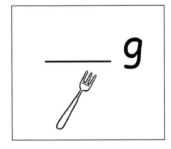	M m	I ___ 
___ o 	R ___ 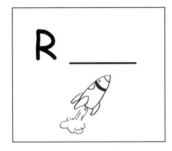	S s
W w	___ u 	Z ___ 

Textquellen: Ulrike Kähler
Illustratoren: Liliane Oser, Hamburg

Klett

Vorkurs: Die Lauttabelle nutzen

1 Schreibe.

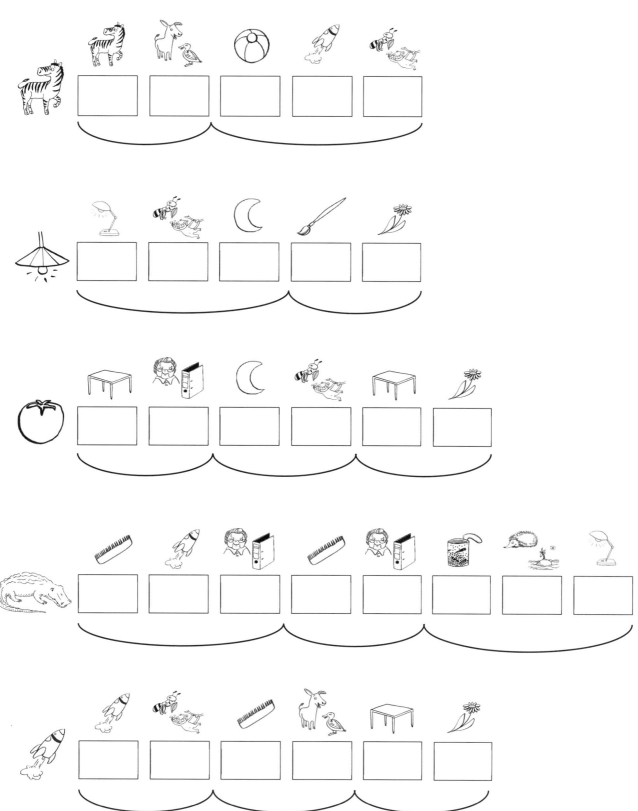

Textquellen: Sarah Limberg
Illustratoren: Liliane Oser, Hamburg; Friederike Ablang, Berlin

Klett

A a

1 Suche in Zeitschriften nach den Buchstaben **A** und **a**.
Schneide sie aus. Klebe sie richtig auf.

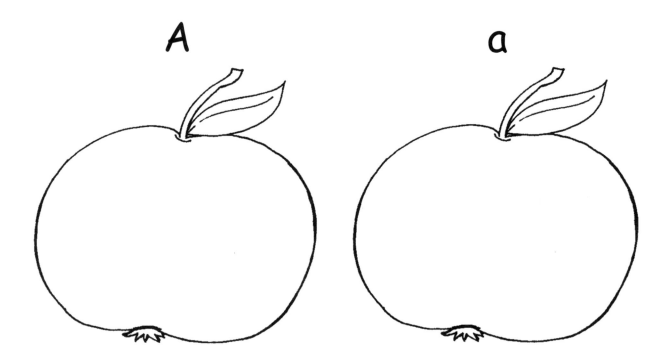

A   a

2 Wo hörst du **A** oder **a**? Male an.

Textquellen: Ulrike Kähler
Illustratoren: Anja Vogel-Jaich, Berlin

Klett

M m

○ **1** Suche in Zeitschriften nach den Buchstaben **M** und **m**.
Schneide sie aus. Klebe sie richtig auf.

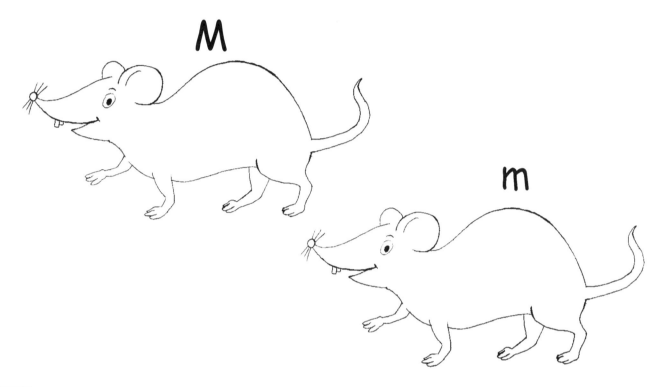

2 Wo hörst du **M** oder **m**? Male an.

L l

1 Schwinge und zeichne Silbenbögen.

 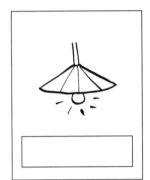  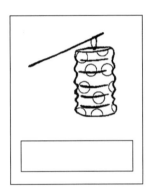

2 Lies.

Ma	La	Al	Am
am	al	ma	la

Lama   Mama   Alma

3 Was ist richtig? Kreise ein und schreibe.

Lama

Alma

Mama

Mama

Lama

Alma

Textquellen: Ulrike Kähler
Illustratoren: Liliane Oser, Hamburg; Anja Vogel-Jaich, Hamburg

Klett

I i

 1 Male **I** und **i** an.

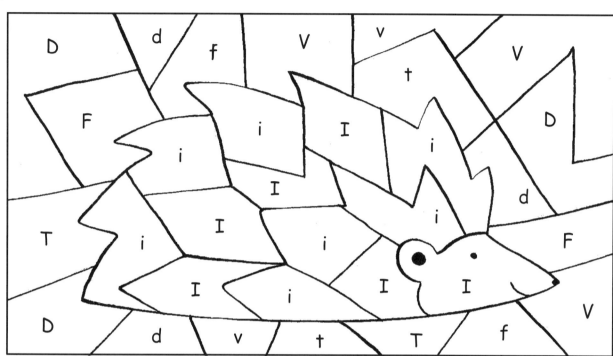

2 In welcher Silbe hörst du **I** oder **i**? Kreuze an.

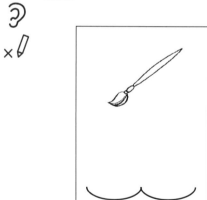

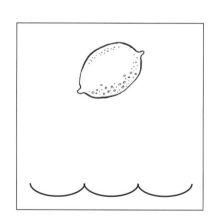

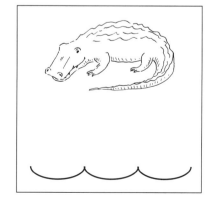

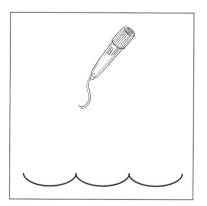

Textquellen: Melanie Rabe
Illustratoren: Liliane Oser, Hamburg; Hendrik Kranenberg, Drolshagen; Anja Vogel-Jaich, Berlin; Friederike Ablang, Berlin

N n

1 Bei welchem Wort hörst du **N** oder **n**? Kreuze an.

☐   ☐   ☐

☐   ☐   ☐

2 Was ist richtig? Verbinde.

Na ●   ● ⟋
Ni ●

Ni ●   ● 👃
Na ●

An ●   ● 🏝
In ●

Textquellen: Bärbel Hilgenkamp
Illustratoren: Anke Fröhlich, Leipzig; Friederike Schumann, Berlin; Liliane Oser, Hamburg

Klett

E e

1 Wo hörst du **E** oder **e**? Male an.

2 Lies und male.

Male Lama Alma lila an.

Textquellen: Ulrike Kähler
Illustratoren: Liliane Oser, Hamburg; Anja Vogel-Jaich, Berlin

Klett

S s

 1 Was ist richtig? Kreise ein.

| Am | | nas | les | las | sel |

| E | | lel | sel | nes | las |

| Ses | | les | mas | sel | las |

| Na | | ma | li | le | se |

 2 Lies und male.

Male 2 lila Lamas.

Male 1 Ananas im Sessel.

Unsere Klassendienste

1 Welche Kinder machen ihren Klassendienst? Kreise ein.

2 Welche Klassendienste braucht ihr noch?
Überlege mit einem Partner. Male.

Wörtertraining

Hinweis: Kopiervorlage vervielfältigen, Kärtchen mit Übungswörtern ausschneiden und an die Kinder zum Abschreiben verteilen

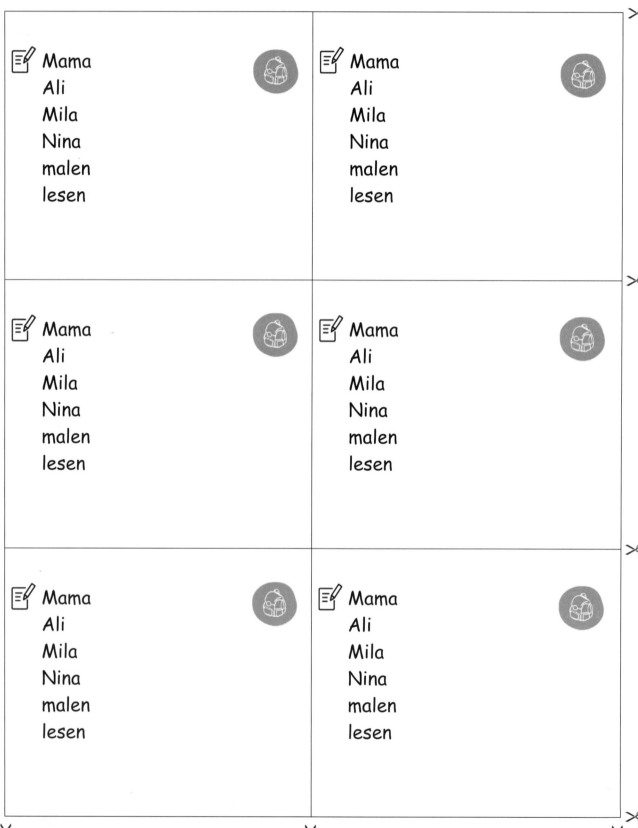

Textquellen: Sarah Limberg

T t

1 Was ist richtig? Kreise ein und schreibe.

Tanne

Tasse

Tante

Tinte

Tanne

Tasse

Tante

Tinte

Tanne

Tasse

Ente

Tinte

Tanne

Tasse

Ente

Tinte

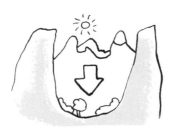

Nest

Tee

Tal

Ast

Nest

Tee

Tal

Ast

Textquellen: Brigitte Beier
Illustratoren: Liliane Oser, Hamburg

Klett

O o

1 Welches Wort beginnt mit **O**? Kreise ein.

2 Was ist richtig? Verbinde.

Em ●		Ma ●		Lo ●	
Om ●	● 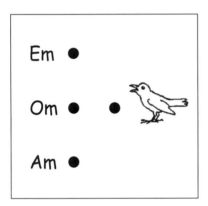	Me ●	● 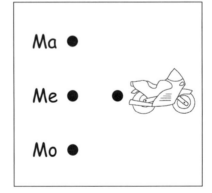	La ●	● 
Am ●		Mo ●		Le ●	

Lem ●		La ●		Ni ●	
Lam ●	●	Li ●	● 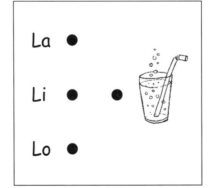	No ●	● 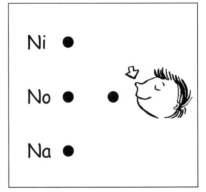
Lom ●		Lo ●		Na ●	

Textquellen: Theresa Weber
Illustratoren: Liliane Oser, Hamburg; Anja Vogel-Jaich, Berlin; Friederike Schumann, Berlin; Hendrik Kranenberg, Drolshagen; Verena Ballhaus, München; Klett-Archiv, Stuttgart; Anke Fröhlich, Leipzig; Silke Reimers, Mainz

Klett

R r

○ **1** Markiere die 8 Wörter.

TORTE   RASSEL   ROLLER   ROSE
ROSINE   RITTER   RATTE   TOR

H	O	B	S	T	O	R	T	E	K
B	S	Z	R	A	S	S	E	L	L
T	E	M	M	R	O	S	E	S	R
V	Y	R	O	L	L	E	R	A	G
R	A	T	T	E	B	L	F	K	S
H	U	B	M	S	R	T	O	R	W
R	O	S	I	N	E	D	H	X	Z
R	I	T	T	E	R	E	P	Q	S

○ **2** Schreibe die 8 Wörter auf.

U u

1 Welches Wort beginnt mit **U**? Verbinde.

U

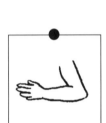

2 Was ist richtig? Kreuze an.

☐ um
☐ im
☐ am

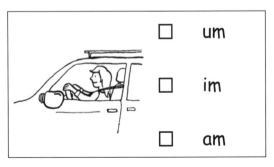

☐ um
☐ im
☐ am

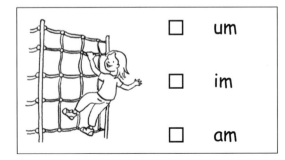

☐ um
☐ im
☐ am

☐ um
☐ im
☐ am

Textquellen: Bärbel Hilgenkamp
Illustratoren: Anke Fröhlich, Leipzig; Liliane Oser, Hamburg; Anja Vogel-Jaich, Berlin

Klett

B b

 1 Markiere die 8 Wörter.

BETT   BROT   BART   BANANE

BUS   BUTTER   BIRNE   BALL

H	F	K	L	T	E	B	A	L	L
B	R	O	T	S	E	T	S	E	L
T	O	E	M	B	E	T	T	S	O
V	Y	R	L	Z	B	U	S	A	G
R	T	A	R	N	B	I	R	N	E
H	U	B	A	N	A	N	E	Z	W
B	A	R	T	N	F	R	I	S	A
B	U	T	T	E	R	K	L	F	U

 2 Schreibe die 8 Wörter auf.

Checkliste für Projekte

● **1** Welche Materialien und Werkzeuge brauchst du?
Male und schreibe.

Mein Projekt:

Diese Materialien und Werkzeuge brauche ich:

● **2** Überprüfe, ob du alle Materialien und Werkzeuge hast.
Kreise oben ein.

Hör-Spiele

● **1** Welche Geräusche passen zu den Bildern?
Wie kannst du sie erzeugen?
Male oder schreibe.

● **2** Nehmt die Geräusche auf. Spielt die Geschichte und
begleitet sie mit euren Tonaufnahmen.

Wörtertraining

Hinweis: Kopiervorlage vervielfältigen, Kärtchen mit Übungswörtern ausschneiden und an die Kinder zum Abschreiben verteilen

○ Nase
○ Tomate
raten
rollen
rot
an
am
in
im

○ Nase
○ Tomate
raten
rollen
rot
an
am
in
im

○ Nase
○ Tomate
raten
rollen
rot
an
am
in
im

○ Nase
○ Tomate
raten
rollen
rot
an
am
in
im

○ Nase
○ Tomate
raten
rollen
rot
an
am
in
im

○ Nase
○ Tomate
raten
rollen
rot
an
am
in
im

Silbenkönige 1

1 Schreibe die Könige ⟨a⟩ ⟨e⟩ ⟨i⟩ ⟨o⟩ ⟨u⟩.

Textquellen: Brigitte Beier
Illustratoren: Liliane Oser, Hamburg; Hendrik Kranenberg, Drolshagen; Anke Fröhlich, Leipzig

Silbenkönige 2

1 Schreibe die Könige ⟨a⟩ ⟨e⟩ ⟨i⟩ ⟨o⟩ ⟨u⟩.

	B⟨⟩rn⟨⟩		M⟨⟩rm⟨⟩l
	S⟨⟩nn⟨⟩		B⟨⟩b⟨⟩r
	R⟨⟩s⟨⟩		B⟨⟩s⟨⟩n
	N⟨⟩s⟨⟩		M⟨⟩m⟨⟩
	T⟨⟩ss⟨⟩		L⟨⟩m⟨⟩
	T⟨⟩rt⟨⟩		L⟨⟩ll⟨⟩
	M⟨⟩nt⟨⟩l		T⟨⟩ll⟨⟩r

Textquellen: Brigitte Beier
Illustratoren: Liliane Oser, Hamburg; Anja Vogel-Jaich, Berlin; Verene Ballhaus, München

Klett

Silbenkönige 3

T☐rm	T☐r	B☐tt	B☐ll
N☐ss	T☐l	L☐mm	B☐s
N☐st	M☐st	Br☐t	Bl☐tt
M☐rmel	B☐ber	R☐se	T☐ller
L☐lli	T☐sse	T☐rte	B☐rne
B☐sen	S☐nne	L☐ma	M☐ma

Vorbereitung:
1. Ein Spielwürfel wird mit den Vokalen a, e, i, o, u sowie einem Herz (als Joker) beklebt.
2. Die Wortkärtchen werden laminiert, ausgeschnitten und zu gleichen Teilen an die Mitspieler verteilt.
   Diese legen sie offen vor sich ab.

Spielanleitung:
1. Es wird reihum gewürfelt. Wer einen Vokal würfelt, der in eines seiner Wörter passt,
   darf die entsprechende Karte ablegen.
2. Sieger ist, wer zuerst alle seine Kärtchen abgelegt hat.

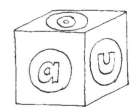

Richtig abschreiben 1

 1 Schneide die Prüfkarten aus.
Überprüfe Silben und Könige.

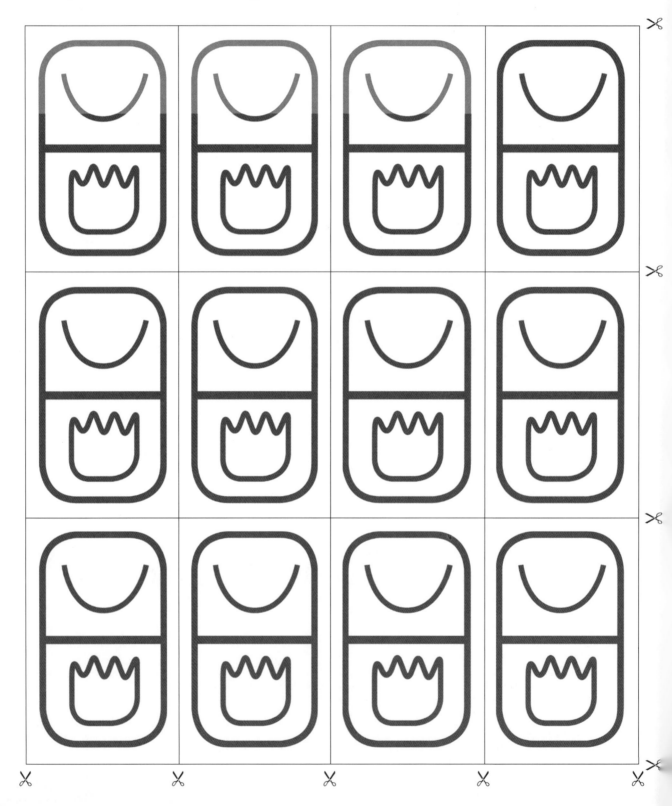

Klett

Richtig abschreiben 2

1 Schreibe die Wörter ab.
Zeichne Silbenbögen und markiere die Könige.

Rose

Torte

Tante

Nase

Birne

Mantel

Ente

Esel

Insel

Ananas

Banane

2 Überprüfe Silben und Könige mit der Prüfkarte.

W w

1 Was ist richtig? Kreise ein und schreibe.

Wil
Wol
Wal
Wul

Worst
Wurst
Werst
Wirst

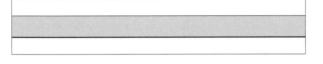

Warm
Worm
Werm
Wurm

Wolle
Wille
Wulle
Walle

Wosser
Wusser
Wasser
Wesser

Wanne
Wonne
Winne
Wunne

2 Markiere die Könige.

D d

1 Verbinde und schreibe.

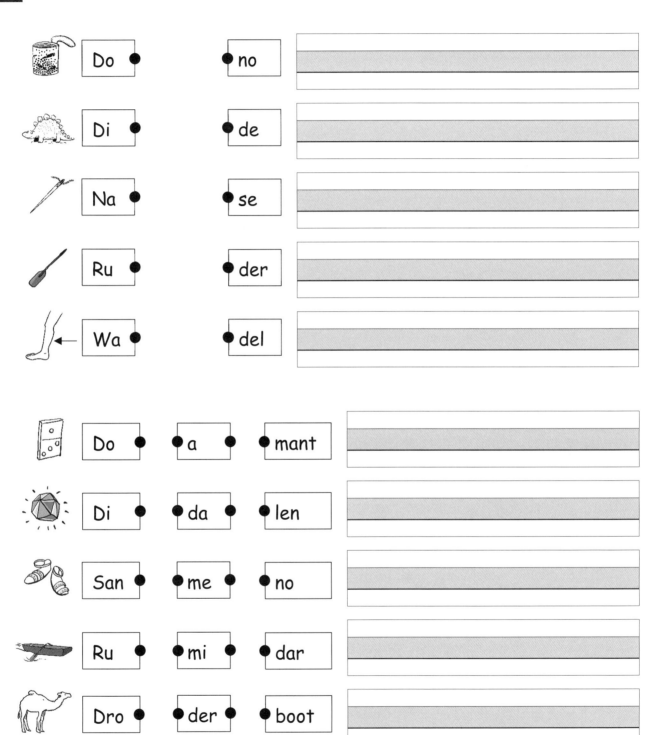

Do • • no

Di • • de

Na • • se

Ru • • der

Wa • • del

Do • • a • • mant

Di • • da • • len

San • • me • • no

Ru • • mi • • dar

Dro • • der • • boot

2 Markiere die Könige.

Textquellen: Brigitte Beier
Illustratoren: Barbara Schumann, Schöneiche; Liliane Oser, Hamburg; Anke Fröhlich, Leipzig, Hendrik Kranenberg, Drolshagen

Klett

H h

 1 Kreise **H** und **h** ein. Schreibe.

Alle sehen Hase Hummel

hinter Hund Hasso.

 2 Was ist richtig? Verbinde.

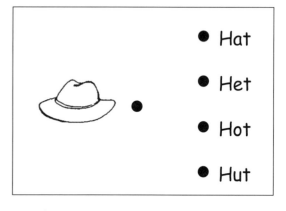

- Hund
- Hand
- Hind
- Hond

- Hat
- Het
- Hot
- Hut

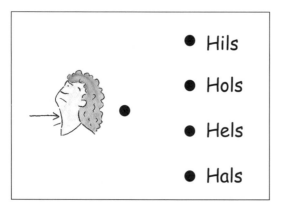

- Hils
- Hols
- Hels
- Hals

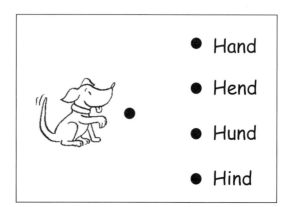

- Hand
- Hend
- Hund
- Hind

Textquellen: Sonja Senst
Illustratoren: Anja Vogel-Jaich, Berlin; Bettina Reich, Leipzig

Klett

G g

1 Welches Wort beginnt mit **G**? Verbinde.

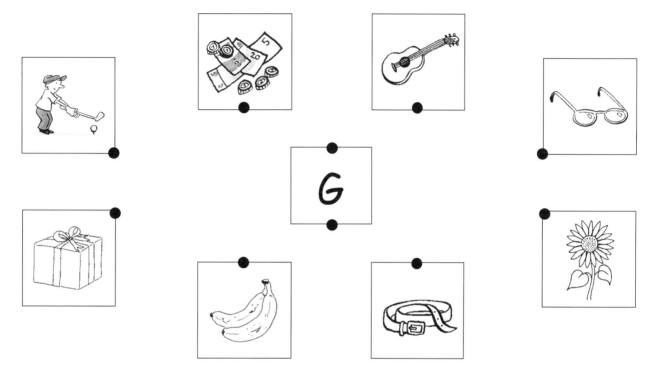

2 In welcher Silbe hörst du **G** oder **g**? Kreuze an.

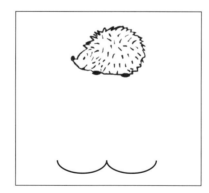

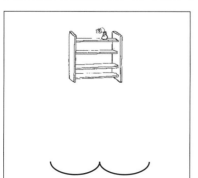

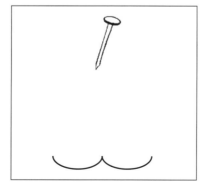

Textquellen: Sonja Senst
Illustratoren: Friederike Ablang, Berlin; Anke Fröhlich, Leipzig; Hendrik Kranenberg, Drolshagen; Liliane Oser, Hamburg; Carmen Hochmann, Bielefeld

Klett

F f

 1 Wie heißt das Wort? Schneide, klebe und schreibe.

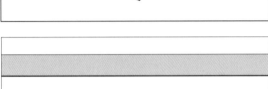

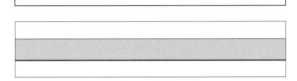

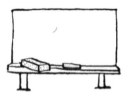

Fo	Af	Ta	So
fe	to	fel	fa

Textquellen: Bärbel Hilgenkamp
Illustratoren: Anke Fröhlich, Leipzig; Liliane Oser, Hamburg

Au au 1

○ **1** Markiere die 8 Wörter.

AUTO   AUGE   AUGUST   HAUS

BAUM   MAUS   TAUBE   DAUMEN

H	A	U	S	K	M	U	F	K	K
B	S	Z	M	A	U	S	I	L	L
F	L	K	O	P	O	B	A	U	M
A	U	G	U	S	T	H	A	S	T
R	O	D	A	U	M	E	N	T	E
K	A	U	T	O	P	N	M	V	Q
R	O	Z	M	A	U	G	E	M	B
T	M	K	K	T	A	U	B	E	A

◐ **2** Schreibe die 8 Wörter auf.

Textquellen: Brigitte Beier
Illustratoren: Liliane Oser, Hamburg

Au au 2

● **1** Lies und male.

Toms Auto

Toms Auto ist rot.
Mia ruft: „Los!"
Tom gibt Gas.
Tom rast im roten Auto los.

● **2** Lies und male.

Ein lustiges Auto

Leo malt ein rotes Auto.
Er malt das Auto mit lustigen Augen.
Mia ruft: „Toll, Leo! Nun male dem Auto blaue Fenster!"

Textquellen: Brigitte Beier
Illustratoren: Wiltrud Wagner, Lübeck; Friederike Ablang, Berlin

Klett

Gefühle 1

● **1** Schneide die Wörter aus. Klebe sie unter das passende Bild.

traurig	lustig	besorgt	ratlos
mutlos	sauer	ungeduldig	munter
boshaft	ernst	aufgeregt	wild
geduldig	gelassen		

Gefühle 2

 1 Verbinde und schreibe.

trau •	• bern	

 | lus • | • rig | |

| mun • | • tig | |

 | al • | • ter | |

 2 Verbinde und schreibe.

be •	• mig	

 | mut • | • haft | |

 | grim • | • sorgt | |

 | bos • | • los | |

Textquellen: Brigitte Beier
Illustratoren: Anja Vogel-Jaich, Berlin

Klett

Überall Medien

 1 Welche Medien nutzt du? Kreuze an.

☐   ☐    ☐   ☐

☐   ☐    ☐   ☐

2 Wann nutzt du welche Medien? Male oder schreibe.

Wann?	Welches Medium?
nach dem Aufstehen	
in der Schule	
am Nachmittag	
am Abend	
im Bett	

 3 Welches Medium nutzt du am liebsten? Warum? Male oder schreibe.

Textquellen: Sarah Limberg
Illustratoren: Vera Brüggemann, Bielefeld; Friederike Ablang, Berlin; Anja Vogel-Jaich, Berlin; Liliane Oser, Hamburg; Simone Pahl, Berlin

Wörtertraining

Hinweis: Kopiervorlage vervielfältigen, Kärtchen mit Übungswörtern ausschneiden und an die Kinder zum Abschreiben verteilen

○ Tafel
○ Nebel
○ Himmel
○ Igel
haben
leben
lernen
rufen

○ Tafel
○ Nebel
○ Himmel
○ Igel
haben
leben
lernen
rufen

○ Tafel
○ Nebel
○ Himmel
○ Igel
haben
leben
lernen
rufen

○ Tafel
○ Nebel
○ Himmel
○ Igel
haben
leben
lernen
rufen

○ Tafel
○ Nebel
○ Himmel
○ Igel
haben
leben
lernen
rufen

○ Tafel
○ Nebel
○ Himmel
○ Igel
haben
leben
lernen
rufen

Textquellen: Sarah Limberg

Klett

Ei ei

1 Verbinde und schreibe.

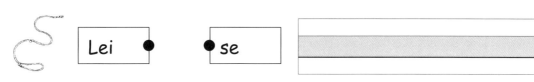

Lei ●	● se
Rei ●	● ne
Mei ●	● horn
Ein ●	● ter

2 Schreibe **ein** oder **eine**.

Textquellen: Dr. Ute Schimmler
Illustratoren: Liliane Oser, Hamburg; Axel Nicolai, Brauweiler; Friederike Ablang, Berlin

Klett

K k

1 Schreibe die Könige 👑a 👑e 👑o 👑u.

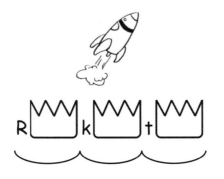

R 👑k 👑t

K 👑ff 👑r

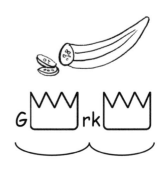

G 👑rk

K 👑m l

W 👑lk 👑n

K 👑tt

2 Lies und verbinde.

| Klammer |
| Kater |
| Kanne |
| Traktor |
| Kamera |
| Kaktus |

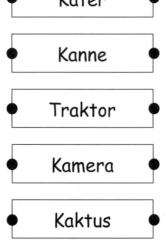

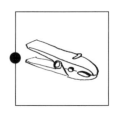

Textquellen: Redaktion GSV
Illustratoren: Anke Fröhlich, Leipzig; Liliane Oser, Hamburg

Klett

-ch

1 Wo klingt **ch** wie bei **Buch**? Wo klingt **ch** wie bei **Milch**?

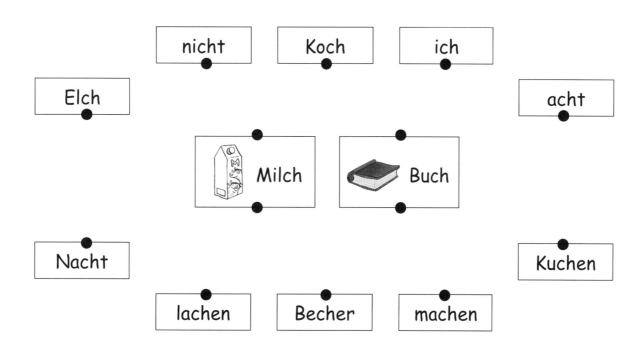

nicht

Koch

ich

Elch

acht

Milch

Buch

Nacht

Kuchen

lachen

Becher

machen

2 Lies.

Osan kann kochen.
Er kocht Kartoffeln mit Karotten.

Ella kann rechnen.
Ella rechnet: 2 + 3 = 5.

Tim kann malen.
Er malt Ella.
Lisa muss lachen.

Z z

1 Markiere die 8 Wörter.

ZWEI   ZOO   ZIRKUS   ZWEIG

ZAUBERER   TANZEN   ZEBRA   ZUG

H	K	T	P	N	L	A	Z	U	G
B	T	A	N	Z	E	N	E	L	L
Z	W	E	I	E	K	M	N	S	D
V	Z	I	R	K	U	S	F	M	N
Z	A	U	B	E	R	E	R	N	E
Z	E	D	N	Z	W	E	I	G	I
R	Z	O	O	E	N	D	H	X	Z
Z	E	B	R	A	R	M	N	A	R

2 Schreibe die 8 Wörter auf.

Textquellen: Dr. Ute Schimmler
Illustratoren: Liliane Oser, Hamburg

Klett

Traumfänger basteln

● **1** Welcher war dein schönster Traum? Male oder schreibe.

● **2** Wie soll dein Traumfänger aussehen? Male oder schreibe.

Ein Gedicht auswendig lernen

○ **1** Lies das Gedicht leise für dich.

👓   Frage nach, wenn du etwas nicht verstanden hast.

Niko und der Drache

In Oles Traum lebt Niko
auf einer Burg als Ritter.
Ritter Niko ist ein Held
und mag sogar Gewitter.

Huch! Da zeigt auf einmal
ein Drache seinen Zahn.
Er frisst mich gleich, ruft Niko,
und rennt, so flink er kann.

Der Drache hat nur Zahnweh,
ruft Hugo laut und lacht.
Zusammen haben beide
den Zahn gesund gemacht.

Heike Stein

◑ **2** Male zu wichtigen Wörtern aus dem Gedicht.

✏

● **3** Lerne das Gedicht auswendig.

Schaue in der Fibel
auf Seite 76 nach.

Textquellen: Sarah Limberg, auf der Grundlage von Britta Seepe-Smit, und Susanne Rips
Illustratoren: Carmen Hochmann, Bielefeld

Wörtertraining

Hinweis: Kopiervorlage vervielfältigen, Kärtchen mit Übungswörtern ausschneiden und an die Kinder zum Abschreiben verteilen

○ Bruder
○ Sommer
○ Zimmer
○ Wasser
○ Fenster
○ Winter
hinter
sauber

○ Bruder
○ Sommer
○ Zimmer
○ Wasser
○ Fenster
○ Winter
hinter
sauber

○ Bruder
○ Sommer
○ Zimmer
○ Wasser
○ Fenster
○ Winter
hinter
sauber

○ Bruder
○ Sommer
○ Zimmer
○ Wasser
○ Fenster
○ Winter
hinter
sauber

○ Bruder
○ Sommer
○ Zimmer
○ Wasser
○ Fenster
○ Winter
hinter
sauber

○ Bruder
○ Sommer
○ Zimmer
○ Wasser
○ Fenster
○ Winter
hinter
sauber

Textquellen: Sarah Limberg

-ie

 1 Markiere die 8 Wörter.

HAUSTIER   BIENE   LIED   FLIEGE

ALLERGIE   WIESE   BRIEF   ZIEGE

S	A	L	L	E	R	G	I	E	T
H	T	B	R	I	E	F	M	B	A
M	L	H	A	U	S	T	I	E	R
B	I	E	N	E	M	P	L	T	K
W	I	E	S	E	M	L	S	A	O
R	Z	I	E	G	E	H	T	N	M
B	G	D	P	L	I	E	D	T	O
S	O	F	L	I	E	G	E	M	S

2 Schreibe die 8 Wörter auf.

P p

1 Schneide die Karten aus. Spiele das Domino.

Ampel		Puppe	
Palme		Post	
Lampe		Pappe	
Lupe		Tapete	
Pulli		Pinsel	
Papa		Suppe	
Opa		Tulpe	
Mappe		Palast	

Textquellen: Sonja Senst
Illustratoren: Verena Ballhaus, München; Anke Fröhlich, Leipzig; Friederike Schumann, Berlin; Liliane Oser, Hamburg

Eu eu

1 Schreibe die Könige ⟨e⟩ ⟨eu⟩ ⟨u⟩. Schreibe das Wort.

Bild	Wort mit Königen	Lösung
(Beule/Kopf)	B⟨eu⟩le	
(Flugzeug)	Fl⟨u⟩gz⟨eu⟩g	
(Leuchtturm)	L⟨eu⟩chtt⟨u⟩rm	
(Feuerzeug)	F⟨eu⟩erz⟨eu⟩g	
(Kreuz)	Kr⟨eu⟩z	
(Werkzeug)	W⟨e⟩rkz⟨eu⟩g	
(Heu)	H⟨eu⟩	
(9 / neun)	n⟨eu⟩n	
(Beutel)	B⟨eu⟩t⟨e⟩l	

Textquellen: Stefanie Erdmann
Illustratoren: Liliane Oser, Hamburg; Anke Fröhlich, Leipzig

Klett

Sch sch

1 Schneide die Karten aus. Spiele das Domino.

	Schiff		Schaukel
	Schraube		Muschel
	Schokolade		Schirm
	Schwein		Schaf
	Schal		Rutsche
	Schwert		Schnuller
	Schere		Kirschen
	Frosch		Schwamm

Textquellen: Stefanie Erdmann
Illustratoren: Liliane Oser, Hamburg; Anke Fröhlich, Leipzig

Ä ä

1 In welcher Silbe hörst du **Ä** oder **ä**? Schreibe.

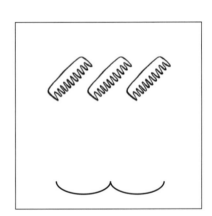

2 Schreibe.

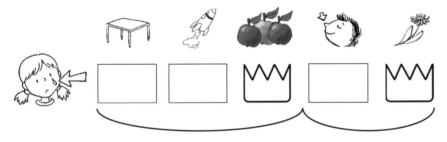

Textquellen: Stefanie Erdmann
Illustratoren: Anja Vogel-Jaich, Berlin; Liliane Oser, Hamburg; Anke Fröhlich, Leipzig; Bettina Reich, Leipzig; Hendrik Kranenberg, Drolshagen

Ö ö

 1 Was ist richtig? Verbinde und schreibe.

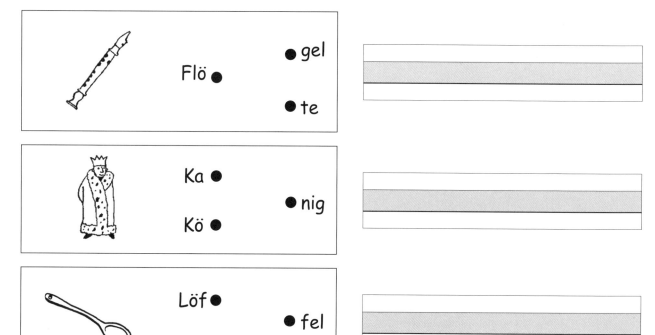

Flö •
   • gel
   • te

Ka •
Kö •
   • nig

Löf •
Lef •
   • fel

 2 Setze die Wörter ein.

| hören | trösten | öffnen | lösen | rösten |

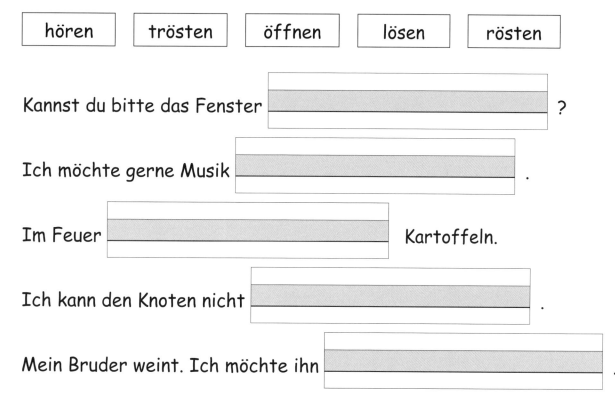

Kannst du bitte das Fenster _____ ?

Ich möchte gerne Musik _____ .

Im Feuer _____ Kartoffeln.

Ich kann den Knoten nicht _____ .

Mein Bruder weint. Ich möchte ihn _____ .

Textquellen: Melanie Rabe
Illustratoren: Liliane Oser, Hamburg; Verena Ballhaus, München

Ü ü

1 Wo hörst du Ü oder ü? Male an.

2 Verbinde und schreibe.

	Flü ●	● sel	
	Rüs ●	● gel	
	Nüs ●	● te	
	Tü ●	● fel	
	Wür ●	● se	

Klett

-tz

1 Markiere die 8 Wörter.

KATZE BLITZ GLATZE SCHMUTZ

NETZ SCHATZ SATZ WITZ

A	B	G	L	A	T	Z	E	S	I
B	D	I	O	N	E	T	Z	A	M
W	I	T	Z	D	P	L	A	U	M
D	N	M	K	A	T	Z	E	I	O
S	C	H	M	U	T	Z	D	O	M
M	O	T	B	N	S	A	T	Z	I
N	E	S	C	H	A	T	Z	M	O
T	A	M	N	E	B	L	I	T	Z

2 Schreibe die 8 Wörter auf.

Textquellen: Stefanie Erdmann
Illustratoren: Liliane Oser, Hamburg

Natürliche Mandalas

● **1** Fertige eine Skizze für dein natürliches Mandala an.

● **2** Sammle Materialien für dein natürliches Mandala. Male oder schreibe.

● **3** Gestalte ein natürliches Mandala mit deinen Materialien.

Textquellen: Sarah Limberg

Recherchieren lernen

○
✕🖉 **1** Über welches Tier möchtest du recherchieren? Kreuze an.

☐    ☐    ☐   ☐

◑
✕🖉 **2** Welche Medien nutzt du, um dich zu informieren? Kreuze an.

☐    ☐   ☐

☐    ☐   ☐

●
🖊🖉
🖉 **3** Recherchiere über das Tier und erstelle einen Steckbrief.
Male und schreibe.

Name:

Fellfarbe:

Nahrung:

Was macht das Tier am liebsten?

Textquellen: Sarah Limberg
Illustratoren: Liliane Oser, Hamburg; Anke Fröhlich, Leipzig; Pawel Miedzinski, Kozieglowy/Polen; Friederike Ablang, Berlin; Vera Brüggemann, Bielefeld; Hendrik Kranenberg, Drolshagen; Carmen Hochmann, Bielefeld

Wörtertraining

Hinweis: Kopiervorlage vervielfältigen, Kärtchen mit Übungswörtern ausschneiden und an die Kinder zum Abschreiben verteilen

- ○ Zahn
- ○ Ast
- ○ Ball
- ○ Hand

waschen

halten

fahren

schlafen

- ○ Zahn
- ○ Ast
- ○ Ball
- ○ Hand

waschen

halten

fahren

schlafen

- ○ Zahn
- ○ Ast
- ○ Ball
- ○ Hand

waschen

halten

fahren

schlafen

- ○ Zahn
- ○ Ast
- ○ Ball
- ○ Hand

waschen

halten

fahren

schlafen

- ○ Zahn
- ○ Ast
- ○ Ball
- ○ Hand

waschen

halten

fahren

schlafen

- ○ Zahn
- ○ Ast
- ○ Ball
- ○ Hand

waschen

halten

fahren

schlafen

Textquellen: Sarah Limberg

Klett

St st

1 Verbinde und schreibe.

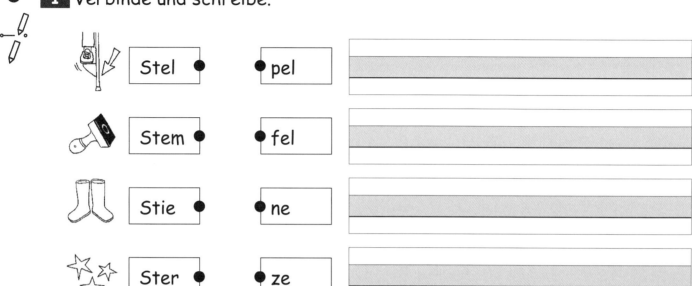

Stel	pel
Stem	fel
Stie	ne
Ster	ze

2 Markiere die 6 Wörter.

STERN   STORCH   STIER   STIFT   STEMPEL   STEIN

S	T	I	F	T	H	U	Z	K	L
M	B	S	T	E	I	N	C	S	A
B	S	T	L	O	S	T	I	E	R
S	P	U	D	S	T	O	R	C	H
S	T	E	M	P	E	L	P	I	R
W	A	S	T	E	R	N	G	H	F

3 Schreibe die 6 Wörter auf.

J j

1 Markiere die 8 Wörter.

JAPAN   JANUAR   JAGUAR   JUDO

JUNI   JUWELEN   JULI   JÄGER

H	T	Ü	E	T	J	A	P	A	N
B	F	S	J	U	L	I	E	L	L
T	V	D	K	I	Ö	J	U	D	O
V	Ä	J	A	G	U	A	R	A	G
R	J	J	U	W	E	L	E	N	E
S	U	B	T	A	S	J	U	N	I
R	J	Ä	G	E	R	D	H	X	Z
S	U	P	Z	J	A	N	U	A	R

2 Schreibe die 8 Wörter auf.

Textquellen: Brigitte Beier
Illustratoren: Liliane Oser, Hamburg

Klett

-ck

 1 Was magst du gerne? Markiere.

Zecken   Zuckerstücke

Socken   Hackbraten

Rosinenschnecken   Stockbrot

Nussecken   Dackel

Backfisch   Wackelzahn

Zuckerwatte   Mücken

 2 Was magst du gerne? Schreibe ab.

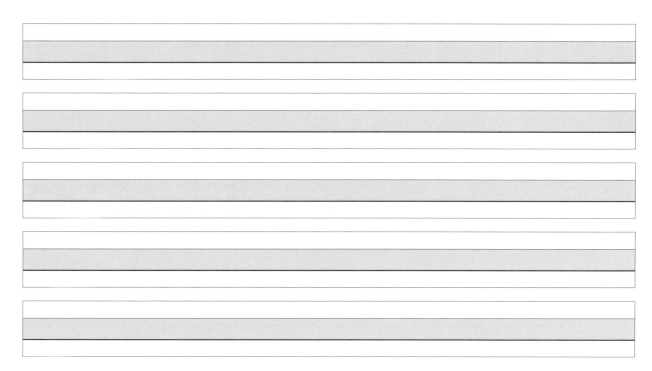

Sp sp

1 Welche Wörter findest du? Verbinde und schreibe.

St •   • inne

Sp •   • ift

St •   • orch

Sp •   • ritze

St •   • ardose

Sp •   • aub

St •   • inat

Sp •   • ein

St •   • ock

Sp •   • ort

St •   • iegel

Sp •   • empel

© Ernst Klett Verlag GmbH, Stuttgart 2020 | www.klett.de | Alle Rechte vorbehalten. Von dieser Druckvorlage ist die Vervielfältigung für den eigenen Unterrichtsgebrauch gestattet. Die Kopiergebühren sind abgegolten.

Textquellen: Carolin Gerdom

Ausländer

1 Bist du schon einmal in ein fremdes Land gereist?
Male und schreibe davon.

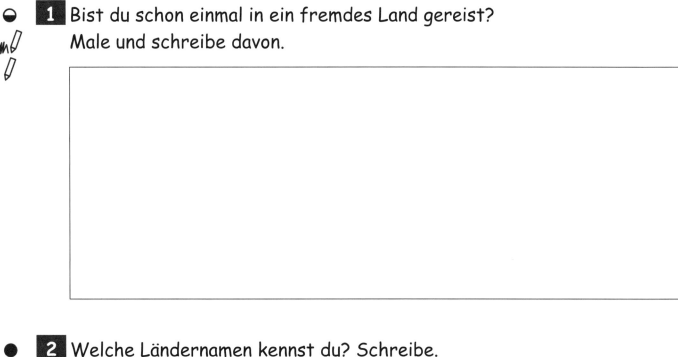

2 Welche Ländernamen kennst du? Schreibe.

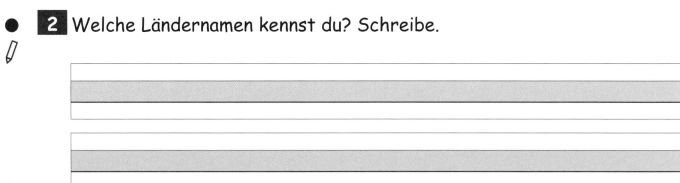

3 In welches Land möchtest du einmal reisen? Warum?
Male und schreibe.

Einen Minivortrag vorbereiten und halten

1 Über welches fremde Land möchtest du recherchieren? Schreibe.

2 Recherchiere über das Land und erstelle einen Stichwortzettel. Schreibe.

Ländername:

Wetter:

Essen:

Besonderes:

3 Was kannst du alles mitbringen, um deinen Minivortrag anschaulich und interessant zu machen? Male oder schreibe.

Wörtertraining

Hinweis: Kopiervorlage vervielfältigen, Kärtchen mit Übungswörtern ausschneiden und an die Kinder zum Abschreiben verteilen

○ Stein
○ Stern
○ Stift
○ Spinne
stehen
spielen
sprechen
sparen

○ Stein
○ Stern
○ Stift
○ Spinne
stehen
spielen
sprechen
sparen

○ Stein
○ Stern
○ Stift
○ Spinne
stehen
spielen
sprechen
sparen

○ Stein
○ Stern
○ Stift
○ Spinne
stehen
spielen
sprechen
sparen

○ Stein
○ Stern
○ Stift
○ Spinne
stehen
spielen
sprechen
sparen

○ Stein
○ Stern
○ Stift
○ Spinne
stehen
spielen
sprechen
sparen

V v

1 Schneide aus. Klebe in der richtigen Spalte auf.

V und v klingt wie bei 🐦 .	V und v klingt wie bei 🏺 .

Vater	Vampir
Ventilator	Viereck
Lokomotive	vier
Olive	Vogelhaus
Vulkan	Kurve
Vollmond	Veilchen

-ng

1 Bei welchem Wort hörst du **ng**? Kreuze an.

2 Kreise **ng** ein. Trenne die Wörter mit einem Strich. Schreibe.

SchlangeJungeLungeKlingelEngelFingerAngelVorhangZange

X x

1 Markiere die 8 Wörter.

HEXE   NIXE   MIXER   BOXER

LEXIKON   MEXIKO   TAXI   AXT

H	E	X	E	T	V	I	D	M	O	H
H	K	S	M	E	X	I	K	O	P	E
P	T	S	O	A	A	T	A	X	I	H
B	O	X	E	R	L	M	A	P	S	R
P	Q	S	Z	O	J	A	N	I	X	E
L	E	X	I	K	O	N	P	H	A	H
P	O	D	T	T	O	M	P	A	X	T
K	O	K	L	A	M	I	X	E	R	H

2 Schreibe die 8 Wörter auf.

Pf pf

1 Verbinde. Kreise **Pf** und **pf** ein.

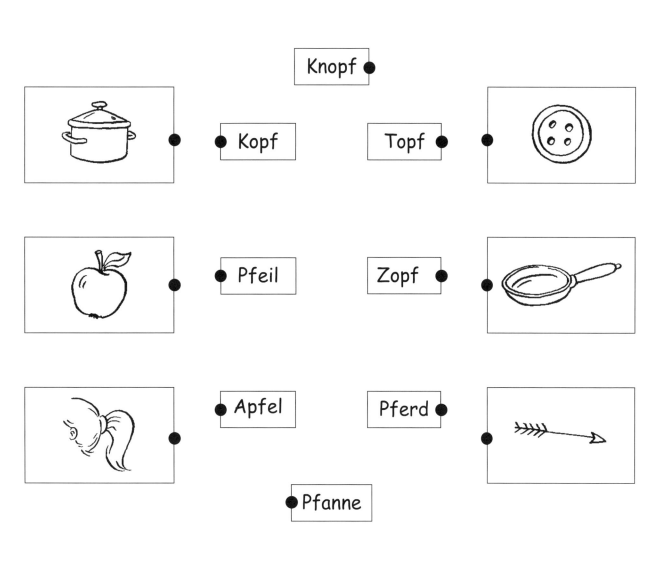

Knopf

Kopf   Topf

Pfeil   Zopf

Apfel   Pferd

Pfanne

-äu

1 Lies und verbinde.

ein Haus ●   ● viele Bräute

eine Braut ●   ● viele Schläuche

ein Schlauch ●   ● viele Fäuste

ein Baum ●   ● viele Häuser

eine Faust ●   ● viele Bäume

2 Schreibe die Wortpaare auf. Kreise **au** und **äu** blau ein.

ein/eine	viele

Textquellen: Brigitte Beier
Illustratoren: Liliane Oser, Hamburg; Anja Vogel-Jaich, Berlin; Anke Fröhlich, Leipzig; Hendrik Kranenberg, Drolshagen; Klett-Archiv, Stuttgart

Qu qu

1 Was ist richtig? Schreibe.

Das Schwein quiekt.
Das Schwein quakt.

Das Feuer quatscht.
Das Feuer qualmt.

Der Frosch quakt.
Der Frosch quatscht.

2 Löse das Rätsel.

| QUADRAT | QUARTETT | QUIZ | QUALLE | QUELLE |

Anfang eines Flusses

gleichseitiges Viereck

Ratespiel

Kartenspiel

Meerestier

Lösungswort:

 Textquellen: Brigitte Beier
Illustratoren: Anja Vogel-Jaich, Berlin; Axel Nicolai, Brauweiler

Schwimmen und sinken 1

● **1** Lies den Versuch. Führe ihn durch.
👓 Trage deine Beobachtungen in die Tabelle ein.
✏️
Suche verschiedene kleine Gegenstände,
die nass werden dürfen.
Prüfe, ob sie auf dem Wasser schwimmen
oder ob sie sinken.
Trage deine Beobachtungen in die Tabelle ein.

Gegenstand	schwimmt	sinkt
Bleistift		
Radiergummi		

● **2** Wie erklärt ihr euch eure Beobachtungen?
 Sprecht darüber.

Textquellen: Brigitte Beier
Illustratoren: Carmen Hochmann, Bielefeld

Schwimmen und sinken 2

1 Lies den Versuch. Führe ihn durch.

Du brauchst:
- ein Stück dünnes Papier
- eine Schere
- 2 Gläser mit Wasser
- etwas Spülmittel

Schneide aus dem Papier
zwei Blumen aus.

Gib in eins der beiden Gläser mit Wasser
ein paar Tropfen Spülmittel.

Nun lege gleichzeitig in jedem Glas
eine Papierblume auf das Wasser.

2 Was hast du beobachtet? Male und schreibe.

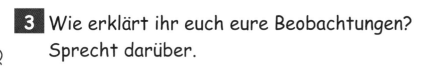

3 Wie erklärt ihr euch eure Beobachtungen?
Sprecht darüber.

Sicher im Internet forschen

○ **1** Lies die Regeln für sicheres Forschen im Internet.

So forschst du sicher im Internet:

1. Bitte einen Erwachsenen,
   mit dir gemeinsam im Internet zu suchen.

2. Lass dir eine eigene Startseite einrichten.

3. Finde ein treffendes Suchwort für deine Suche.

4. Wähle eine Kinderseite aus und klicke sie an.

5. Lies. Hast du genug erfahren?
   Sonst suche weiter.

2 Welches Bild passt zu welcher Regel?
Schneide aus und klebe passend auf.

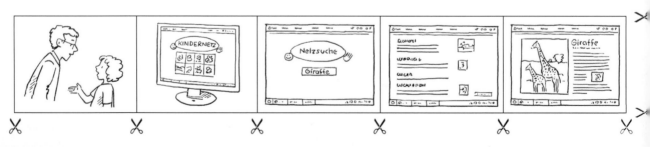

Textquellen: Sarah Limberg; auf der Grundlage von Susanne Rips
Illustratoren: Hendrik Kranenberg, Drolshagen

Wörtertraining

Hinweis: Kopiervorlage vervielfältigen, Kärtchen mit Übungswörtern ausschneiden und an die Kinder zum Abschreiben verteilen

○ Quadrat
○ Quark
○ Quatsch
○ Vater
○ Vogel
quaken
vier
voll

○ Quadrat
○ Quark
○ Quatsch
○ Vater
○ Vogel
quaken
vier
voll

○ Quadrat
○ Quark
○ Quatsch
○ Vater
○ Vogel
quaken
vier
voll

○ Quadrat
○ Quark
○ Quatsch
○ Vater
○ Vogel
quaken
vier
voll

○ Quadrat
○ Quark
○ Quatsch
○ Vater
○ Vogel
quaken
vier
voll

○ Quadrat
○ Quark
○ Quatsch
○ Vater
○ Vogel
quaken
vier
voll

C c

1 Male und schreibe.

Der Clown hat rote Haare.
Seine Nase ist auch rot.
Seine Hose ist blau und grün.
Er mag Cola.
Sein Name ist Conni.

2 Verbinde und schreibe.

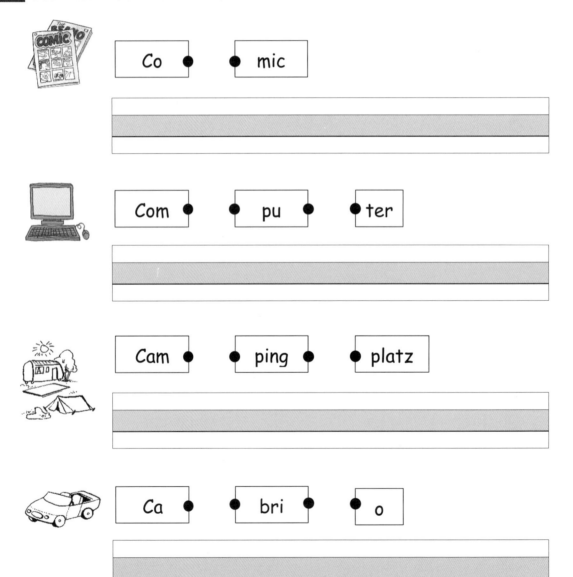

Co • • mic

Com • • pu • • ter

Cam • • ping • • platz

Ca • • bri • • o

Textquellen: Dr. Ute Schimmler
Illustratoren: Liliane Oser, Hamburg; Hendrik Kranenberg, Drolshagen; Simone Paul, Berlin; Vera Brüggemann, Bielefeld

–ß

1 Löse das Rätsel.

beißen	draußen	Straße	fleißig	Grüße

Strauß	weiß	Tomatensoße	Fußball	Klöße

Jungs spielen gerne mit dem ☐☐☐☐☐☐☐ .

Wer nicht drinnen ist, ist ☐☐☐☐☐☐☐ .

Schnee ist ☐☐☐☐ .

Manche Hunde ☐☐☐☐☐☐ .

Ein großer Vogel ist der ☐☐☐☐☐☐ .

Ameisen sind sehr ☐☐☐☐☐☐☐ .

Ich esse am liebsten ☐☐☐☐☐ .

Autos fahren auf der ☐☐☐☐☐☐ .

Zu Nudeln gibt es ☐☐☐☐☐☐☐☐☐☐☐ .

Aus den Ferien senden wir ☐☐☐☐☐ .

Lösungswort: ☐☐☐☐☐☐☐☐☐☐

Textquellen: Dr. Ute Schimmler
Illustrator: Anja Vogel-Jaich, Berlin

Y y

1 Lies und verbinde.

| Yak | Teddy | Yoga | Olympia | Party |

2 Markiere die 6 Wörter.

BABY   PYRAMIDE   TEDDY   PONY   ZYLINDER   HANDY

Z	Y	L	I	N	D	E	R	Ö	V
T	F	A	X	G	T	E	D	D	Y
L	O	P	O	N	Y	R	T	S	O
K	P	Y	R	A	M	I	D	E	G
F	D	C	B	H	A	N	D	Y	W
I	U	E	S	B	A	B	Y	C	J

3 Schreibe die 6 Wörter auf.

Textquellen: Melanie Rabe
Illustratoren: Liliane Oser, Hamburg; Anke Fröhlich, Leipzig

Klett

-nk

1 Lies und schreibe.

Wer bin ich?

Ich bin an deinem Fahrrad.
An mir ist eine Klingel.
Ich bin oft silberfarben.

Ich bin ein _____.

| nLkree |

Ich bin schwer.
Ich gehöre zu einem Schiff.
Ich sorge dafür, dass es nicht abtreibt.

Ich bin ein _____.

| krAen |

2 Reime.

Schrank

B ☐☐☐

kr ☐☐☐

blinken

w ☐☐☐☐☐

tr ☐☐☐☐☐

Enkel

H ☐☐☐☐☐

S ☐☐☐☐☐

lenken

d ☐☐☐☐☐

sch ☐☐☐☐☐

Textquellen: Dr. Ute Schimmler
Illustratoren: Liliane Oser, Hamburg

Klett

Mein Mini-Buch

 1 Falte ein Mini-Buch.

Schaue in der Fibel auf Seite 143 nach.

 2 Zu welchem Thema möchtest du dein Mini-Buch gestalten? Schreibe.

3 Wie möchtest du die 8 Seiten deines Mini-Buches gestalten?
Male und schreibe.

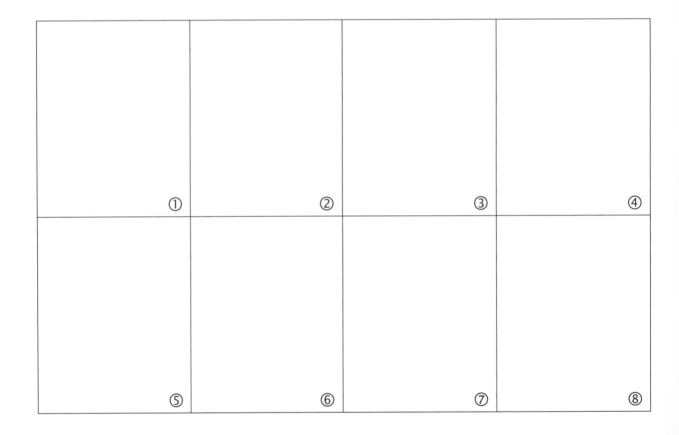

4 Schreibe oder male auf jede Seite deines Mini-Buches.
Es kann ein Bild, ein Wort oder ein Satz sein.

Textquellen: Sarah Limberg
Illustratoren: Carmen Hochmann, Bielefeld

Name: Klasse: Datum: KV 101

Wörtertraining

Hinweis: Kopiervorlage vervielfältigen, Kärtchen mit Übungswörtern ausschneiden und an die Kinder zum Abschreiben verteilen

- ○ Katze
- ○ Baby
- ○ Pony
- ○ Blume
- ○ Computer
- ○ Onkel
- ○ Fußball
- ○ Baum

- ○ Katze
- ○ Baby
- ○ Pony
- ○ Blume
- ○ Computer
- ○ Onkel
- ○ Fußball
- ○ Baum

- ○ Katze
- ○ Baby
- ○ Pony
- ○ Blume
- ○ Computer
- ○ Onkel
- ○ Fußball
- ○ Baum

- ○ Katze
- ○ Baby
- ○ Pony
- ○ Blume
- ○ Computer
- ○ Onkel
- ○ Fußball
- ○ Baum

- ○ Katze
- ○ Baby
- ○ Pony
- ○ Blume
- ○ Computer
- ○ Onkel
- ○ Fußball
- ○ Baum

- ○ Katze
- ○ Baby
- ○ Pony
- ○ Blume
- ○ Computer
- ○ Onkel
- ○ Fußball
- ○ Baum

© Ernst Klett Verlag GmbH, Stuttgart 2020 | www.klett.de | Alle Rechte vorbehalten. Von dieser Druckvorlage ist die Vervielfältigung für den eigenen Unterrichtsgebrauch gestattet. Die Kopiergebühren sind abgegolten.

Textquellen: Sarah Limberg

Durch das Jahr

 1 Male und schreibe.

Im Herbst 1

○ **1** Welche Frucht gehört zu welchem Baum? Verbinde.

● **2** Male einen Baum im Herbst. Schreibe dazu.

Textquellen: Susanne Rips
Illustratoren: Anja Vogel-Jaich, Berlin; Anke Rauschenbach, Leipzig; Klaus Müller, Berlin

Im Herbst 2

○ **1** Welche Blätter sind gleich? Male sie mit derselben Farbe an.

● **2** Wie sieht der Apfel im Längsschnitt aus? Male und schreibe.

Im Winter 1

● **1** Was wünschst du dir? Male oder schreibe.

● **2** Hast du auch Wünsche, die man nicht kaufen kann? Schreibe.

Im Winter 2

 1 Was magst du im Winter? Male an.

● **2** Schreibe zum Bild oben.

Textquellen: Susanne Rips
Illustratoren: Anja Vogel-Jaich, Berlin

Klett

Im Winter 3

● **1** Lies und male. Löse das Rätsel.

Der Hut ist lila.
Die Nase ist orange.
Der Schal ist blau und gelb.
Der Schneemann mag den Winter.

Der Besen ist schwarz.
Die Knöpfe sind braun.
Auf dem Hut sitzt ein kleiner Vogel.
Der Schneemann hat einen schönen Schal an.
Oh je!
Die Sonne scheint und der Schneemann   .

Textquellen: Susanne Rips
Illustratoren: Anke Fröhlich, Leipzig

Im Frühling 1

● **1** Lies und male.

Im Frühling

Der Himmel ist blau.
Die Sonne scheint.
Die Wiese ist grün.
Auf der Wiese blühen rote und gelbe Tulpen.
Neben einem Baum sitzt ein kleiner Hase.
Sein Fell ist braun.
Auf dem Baum sitzt ein Vogel und singt.

Textquellen: Susanne Rips
Illustratoren: Anja Vogel-Jaich, Berlin

Klett

Im Frühling 2

● **1** Setze die Wörter ein.

Frühling	Garten	Zwiebe	Blumen	Sonne

Der _____ ist da.

Die _____ scheint warm.

Im _____ blühen die ersten  _____ .

Es sind Frühblüher.

Sie kommen aus einer  _____ .

Zu den Frühblühern gehören: Osterglocke, Tulpe und Krokus.

 **2** Wie heißen die abgebildeten Frühblüher? Schreibe. Male richtig an.

Textquellen: Susanne Rips
Illustratoren: Anja Vogel-Jaich, Berlin

Im Frühling 3

1 Lies und male alle O wie Ostereier aus.

Male ein Osterei um die Geschichte.

Zu ◯stern

fährt ◯le zu ◯ma und

◯pa an die ◯stsee auf den Bauernhof.

◯pa ruft: „◯le, der ◯sterhase war da!"

◯le sucht ◯stereier. Er findet viele ◯stereier,

einen ◯sterhasen und ein ◯sternest.

◯ma ruft: „Komm ◯le, der

◯sterkuchen wartet!"

2 Schreibe einige Osterwörter aus der Geschichte auf.

Im Frühling 4

○ **1** Markiere die 6 Wörter.

OSTERN OSTEREI OSTERNEST OSTERHASE
OSTERGLOCKE OSTERLAMM

M	R	F	O	S	T	E	R	N	G	L	I
L	O	S	T	E	R	H	A	S	E	B	P
S	W	D	P	O	S	T	E	R	E	I	G
R	T	O	S	T	E	R	L	A	M	M	W
O	S	T	E	R	N	E	S	T	K	B	L
T	O	S	T	E	R	G	L	O	C	K	E

◑ **2** Schreibe die 6 Wörter auf.

● **3** Male und schreibe.

Zum Muttertag

Textquellen: Susanne Rips
Illustratoren: Liliane Oser, Hamburg

 Klett

Im Sommer

1 Du machst Ferien. Was kommt in deinen Koffer?
Male und schreibe.

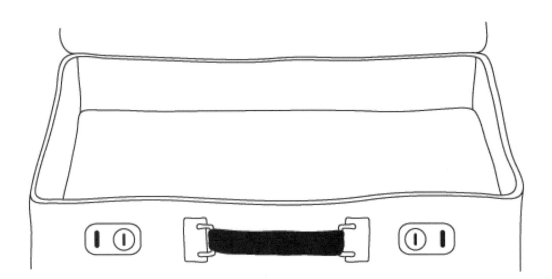

2 Löse das Rätsel.

SAND	SONNE	BOOT	ANKER

BLUME	KOFFER	EIS	HUT

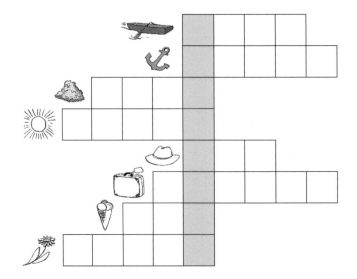

Lösungswort:

Textquellen: Susanne Rips
Illustratoren: Liliane Oser, Hamburg; Anja Vogel-Jaich, Berlin; Pawel Miedzinski, Kozieglowsky/Polen; Katrin Kerbusch, Dresden

Klett